GENÈSE

DU

Palais de la Mutualité

PAR

F. MARTIN-GINOUVIER

PRÉFACE DE M. PIERRE BAUDIN

Député, Ancien Ministre

*Ce Palais sera le premier ex-voto de
la Démocratie française à la Mutualité,
sur lequel on pourra graver ces mots :*
« Ici on vit et on pense pour autrui. »

PARIS
DUJARRIC & Cie ÉDITEURS
50, RUE DES SAINTS-PÈRES

1904

DU MÊME AUTEUR

La Solution du Prêt Gratuit alimenté par une Dime sociale volontaire et facultative

Préface de M. Célestin Pret, avocat à la Cour. Brochure in-16. *Franco*. . . » 60

HYMNE A JEANNE D'ARC LA SAINTE PATRIOTE

Musique de M. Auguste Couture, chef de musique au 1er Zouave

(Pseudonyme) de la Blanquerie. . . . . 3 »

LE PALAIS DE LA MUTUALITÉ

Discours prononcé au Banquet de l'Émigration Creusoise

Orné du portrait de M. Prevet, sénateur. . . . . (*Epuisé*)

MES VŒUX AU Ve CONGRÈS NATIONAL DES SOCIÉTÉS DE SECOURS MUTUELS

DE PRÉVOYANCE ET DE RETRAITE

Tenu à Saint-Etienne, du 26 août au 1er septembre 1895

Orné d'un portrait de M. Leygues, ministre de l'Intérieur. *Franco*. . . . . » 30

FELIX FAURE DEVANT L'HISTOIRE

de son Berceau à l'Elysée (1841 à 1895)

Tome I. *Franco*. 6 »

LES PRINCIPES BELLIQUEUX DU R. P. OLLIVIER

Orné d'un portrait du célèbre prédicateur. *Franco*. . . . . » 60

MISE EN VALEUR DE NOTRE EMPIRE COLONIAL

Par le Soldat laboureur marié faisant souche

UN PHILANTHROPE MÉCONNU DU XVIIIe SIÈCLE

PIARRON DE CHAMOUSSET

Fondateur de la petite poste. — Précurseur des Sociétés de Secours Mutuels

Franco . . . . 1 »

SOUS PRESSE

FÉLIX FAURE DEVANT L'HISTOIRE

Trois ans de présidence (1895 à 1898)

Tome II. *Franco*. . . . . 6 »

AUXERRE-PARIS. — IMPRIMERIE A. LANIER

Genèse du Palais de la Mutualité

Il a été imprimé de cet ouvrage

12 Exemplaires sur papier de luxe

Numérotés de 1 à 12.

GENÈSE

DU

Palais de la Mutualité

PAR

F. MARTIN-GINOUVIER

PRÉFACE DE M. PIERRE BAUDIN

Député Ancien Ministre

Ce Palais sera le premier ex-voto de la Démocratie française à la Mutualité, sur lequel on pourra graver ces mots :
« Ici on vit et on pense pour autrui. »

PARIS
DUJARRIC & Cie ÉDITEURS
50, RUE DES SAINTS-PÈRES

1904

A

MONSIEUR EMILE LOUBET,

Président de la République,

Premier Mutualiste de France.

M. Pierre BAUDIN

Député, Ancien Ministre

PRÉFACE

Les mutualistes forment maintenant une puissante famille, à laquelle il manque un foyer. Plusieurs grandes villes ont décidé de le lui donner. Le Conseil municipal de Paris ne tardera pas à suivre leur exemple. C'est, du moins, ce que lui demande l'un de ses membres, M. Bussat, dont la proposition a bien des chances d'être examinée dès la prochaine session de cette assemblée. Il est dans ses traditions d'être très hardi dans l'application de ces mesures pratiques qui réalisent l'organisation pacifique de la démocratie. Ce qu'il a fait avec une grande largesse pour les Syndicats professionnels, il le fera sans doute pour les Sociétés de secours mutuels. Le projet est venu tout naturellement à l'esprit des hommes qui suivent avec passion les progrès de l'admirable effort de ces Sociétés. M. Martin Ginouvier le lançait en 1895 ; MM. Léon Bourgeois, Barthou, Doumer, Marcel Charlot l'appuyaient et M. Mabilleau, président de la Fédération, en démontrait mieux que personne la nécessité en laissant envahir le Musée social, qu'il dirige, par les mutualistes, sans pouvoir satisfaire à toutes les exigences d'une si absorbante hospitalité. Il y a dans le département de la Seine huit cent mille mutualistes. Dans ce nombre, il est vrai, figurent les écoliers, disciples de M. Cavé, qui versent deux sous par semaine. Ces mutualistes en herbe ont leurs maisons tout installées : les écoles. Il ne saurait être question de les appeler à délibérer dans les salles du palais communal. Le temps viendra assez tôt pour eux de monter en grade. Mais, pour ne parler que des Sociétés d'adultes, leur chiffre justifie largement leur prétention de posséder un « home » spacieux. Au 1er janvier dernier, il y avait à Paris cinq cent quatre-vingt-dix-neuf Sociétés avec 429,091 adhérents, et cinq cent seize Sociétés libres avec 107,650 adhérents, soit onze cent quinze Sociétés avec 536,471 adhérents. La banlieue aurait naturellement sa place dans la ruche. Elle possède cent-quarante-huit Sociétés approuvées avec 44,054 adhérents, et cent quarante-deux Sociétés libres avec 12,726 adhérents. Ce n'est pas tout encore. Il faut que le Conseil municipal n'impose pour toute règle aux associations pouvant prétendre à sa libéralité que de vivre conformément aux lois et d'avoir une administration très régulière. Les Sociétés de prévoyance qui satisfont à cette double condition ne sauraient donc en être exclues. Il en est de très nombreuses. Telles sont les « Vétérans des armées de terre et de mer », avec leurs 20,000 adhérents; la « Sécurité le la vieillesse », avec ses 6,000 adhérents; les « Prévoyants de l'avenir », avec leurs 60,000 adhérents. L'ensemble fait un total de 1,408 Sociétés, et de 686,000 adhérents.

Mais, dira-t-on, quelle importance peut avoir pour cette quantité de mutualistes l'installation de leurs bureaux dans tel ou tel immeuble? Ne sont-ils pas mieux placés dans les quartiers divers de la grande ville ou dans les communes de la banlieue, à la portée des travailleurs et des employés qui sont la majorité, pour ne pas dire l'unanimité de leurs membres? Pour répondre à cette objection, il faut toucher à l'organisation de la vie des vastes cités et des agglomérations de cités.

Un invincible mouvement entraîne l'espacement des familles obligées de satisfaire à la fois aux besoins de leur travail, de la vie sociale et à la défense de leur santé et de leur tranquillité. Les besoins du travail les forcent à s'assembler dans les ateliers, les salles de réunion, les théâtres et les lieux de plaisir; la défense de leur santé leur recommande l'habitat aéré, spacieux et reposant hors des caravansérails, des faubourgs malsains des rues à vacarme et à poussières pestilentielles. La multiplicité, la profusion même des chemins de fer, des tramways, des métropolitains est indispensable à la vie des foules. Paris qui fut si longtemps contrarié par des préjugés, des intérêts et des abus de pouvoir divers dans l'élaboration de ses transports, se libère tous les jours un peu plus de ses ceintures et de ses servitudes. Ce sera, dans un avenir prochain, une ville assez bien outillée.

Il importe donc, quand ou veut traiter l'un des problèmes de la mise en valeur des forces de la collectivité, de ne point se laisser dominer par l'état actuel de leur localisation. Bien autrement décisives sont les raisons qui s'imposent à l'esprit en faveur de leur rassemblement. Les Syndicats ne les ont d'abord entrevues qu'à travers leur souci de lutte corporative. Ils commencent à les concevoir dans leur œuvre d'éducation et d'instruction professionnelle. On ne peut instituer partout des cours et des conférences utiles aux apprentis. Concentrer son attention sur quelques points et même un seul lieu d'enseignement est une méthode bien plus favorable. De même pour la mutualité.

Elle aura un gain fructueux à faire masse de ses frais de recouvrement des cotisations. Au lieu de ne se consulter qu'à des délais éloignés, ses membres pourront travailler en commun. Ils s'habitueront à vivre sous le même toit et éviteront le particularisme qui naît des initiatives séparées et la formation des chapelles et de leurs conflits. Ils seront pourvus de salles de conférences suffisamment vastes, où leur propagande trouvera une base d'opération. L'avantage n'est pas négligeable. Quand les coopératives de Gand ont fondé leur vaste établissement, ce *Voruit* qui fait envie aux organisations ouvrières du monde entier, elles avaient sans doute cet élan vers la vie sans quoi rien de grand ne peut s'accomplir; mais je suis sûr que leur prestige grandissait au fur et à mesure que, sous les échafaudages s'élevait la bâtisse qui devait témoigner de leur audace, de leur puissance et de leur succès. La matière interprétée et docile à la volonté de l'homme lui emprunte de son rayonnement et rayonne à son tour. C'est pourquoi l'art ne doit jamais rester étranger à l'affirmation de la volonté. Il doit impressionner la forme que la manifestation de la volonté prend. Il doit lui-même s'inspirer du but, de la leçon de choses à laquelle il sert. C'est par l'art que cette volonté doit se rattacher à son origine, à son milieu, à son époque. C'est par l'art qu'elle doit définir sa filiation et mettre dans l'attitude apparente des foules et dans leur pensée une armature de noblesse et de dignité, quelque chose comme le style de la conscience.

La Maison de la Mutualité ne sera donc pas seulement une enseigne collective, mais un palais populaire. On propose de l'installer dans le vénérable hôtel de l'ancienne Faculté de Médecine, rue de la Bûcherie. Il ne faudrait y voir qu'une installation momentanée, attestant la libéralité de la Ville, car le lieu n'est point de communication facile et la charmante architecture de l'un des plus vieux témoins de l'art du xve siècle ne se prêtera pas aisément à l'affectation proposée. Mais la grande affaire est de commencer, d'ébaucher cette vie en commun qui est essentielle à l'avenir de la Mutualité. Le moment viendra où elle aura acquis un développement suffisant pour mériter une maison bien à elle, faite pour elle, ajoutant à Paris l'un des traits les plus intéressants de l'art contemporain. Son avenir réserve d'autres promesses que celle d'une existence médiocre et contestée. Le sentiment qui travaille pour elle dénonce parfois ses progrès par des œuvres apparentes. Ce ne sont pas les plus importantes. Il réalise d'obscures conquêtes qui sont plus nombreuses et plus définitives encore. Dans le combat journalier qui rend toujours plus précaire la sécurité de la famille, dans l'instabilité des richesses, des courants, dans l'incertitude croissante qui monte autour du vieux monde comme une nuée venue des terres lointaines, il trouve des auxiliaires fertiles en moyens de conviction. L'homme est ainsi fait que pour le rapprocher de l'homme il faut la crainte d'éléments plus redoutables encore que l'homme. Quand on aura épuisé un certain nombre de formules législatives pour assurer aux travailleurs des secours élémentaires contre la maladie et la vieillesse, ils comprendront tous la nécessité impérative de s'unir, de se mutualiser pour ajouter la part la plus importante.

Nous n'avons aujourd'hui qu'à nous réjouir de compter huit cent mille participants mutualistes dans l'agglomération parisienne. C'est un beau chiffre si l'on pense qu'en 1895 il n'y avait que quinze cent mille participants pour toute la France. Elle en compte trois millions et demi aujourd'hui, d'après M. Barberet, directeur de la Mutualité. C'est un accroissement de plus de deux cents pour cent en neuf années. Mais c'est fort peu de chose, si l'on considère la masse de la nation. Faut-il qu'elle ait l'esprit assez distrait des applications pratiques de ses propres idées! C'est elle qui prononce le plus souvent le grand mot de solidarité. Elle ne s'y est arrêtée qu'un peu effarouchée de celui de fraternité, dont elle s'était grisée un siècle auparavant. Quelle autre locution pourra-t-elle choisir quand elle reconnaîtra encore l'excès de celle-là par rapport à ses œuvres réalisées ? Solidarité. Disons d'abord réciprocité.

Pierre BAUDIN.

A MES LECTEURS

L'auteur est un peu comme le semeur, il aime à croire que toutes les idées qu'il a semées ont germé.

Dieu me garde cependant de m'illusionner au point de me figurer que tous les Mutualistes de France se souviennent encore des paroles que j'ai prononcées au banquet de L'Emigration Creusoise *en faveur du* Palais de la Mutualité.

Si prétentieux que je puisse être dans mon for intérieur, je ne pousse pourtant pas la naïveté jusqu'à ne pas savoir que les discours, les articles, les plaquettes les plus sensationnels durent dans notre siècle de vapeur, de téléphone et d'électricité ce que durent les roses : l'espace d'un matin, autant en porte le vent !

Surtout que ma modeste brochure, illustrée du portrait de l'honorable M. le sénateur Prevet, n'a été tirée qu'à mille exemplaires ; lestement épuisée, je ne peux prétendre que tous les mutualistes l'aient vue ou lue, ça ferait tout de même un peu trop de lecteurs.

Sans pécher contre la modestie, il me plait cependant de croire que, dans le tas, il en reste peut-être quelques-uns encore qui, même après tant d'années écoulées, n'ont pas complètement oublié cette brochure qui touchait trop juste à l'endroit sensible pour ne pas avoir, par exception, laissé quelques traces dans les mémoires intéressées.

Ceci dit, je suis heureux de publier le témoignage suivant :

SÉNAT

Paris, le 5 août 1895.

Cher Monsieur,

Je viens vous remercier du grand honneur que vous m'avez fait en me dédiant la brochure que vous venez de publier : « Le Palais de la Mutualité ».

Le seul titre que je pouvais avoir à un semblable hommage est une conviction profonde de la très grande somme de bien qu'on peut accomplir en se dévouant au développement de la Mutualité.

Vous me trouverez toujours très heureux de vous suivre dans la voie que vous avez tracée et j'aiderai bien volontiers de toutes mes forces à la réalisation de la belle idée que vous avez conçue.

Veuillez agréer, cher Monsieur, l'expression de mes sentiments les plus distingués.

Ch. Prevet.

Cette chaleureuse et précieuse approbation donne aux esprits qui seraient tentés de douter de ma parole une date certaine d'antériorité. Elle suffit, en tous cas, largement à mon bonheur, puisqu'elle me permet avec les documents suivants de revendiquer la priorité de la paternité du projet que M. Bussat avec une opiniâtreté louable, veut faire aboutir, à l'Hôtel de Ville.

Qu'il soit plus heureux que moi, c'est le bien que je lui souhaite !

Mais devant toutes ces manifestations multiples de solida-

risme, les vieux pionniers de la mutualité sont en droit de triompher.

Un mouvement impulsif auquel ils ont prêté leur plus dévoué concours, depuis vingt ans, s'accentue de plus en plus.

La mutualité, dans son essor, prend tous les jours une place plus grande dans la vie sociale. Elle est de plus en plus considérée comme la source féconde intarissable de toutes les solutions des problèmes sociaux les plus hardis comme les plus ardus.

Car elle représente l'évolution et le progrès social sans heurt et sans révolution, dans son acceptation la plus haute, faite de paix sociale, de sécurité familiale et de liberté individuelle, se mouvant dans la collectivité des intérêts communs.

Enfin, ma joie est comble, lorsque je songe que cette modeste brochure est contresignée aujourd'hui par la plume préfacière et talentueuse de l'honorable député, M. Pierre Baudin (1), l'ancien Ministre des Travaux publics du ministère Waldeck-Rousseau, nom qu'il convient encore d'associer à toutes les œuvres mutualistes.

(1) Sous ma plume, ce nom évoque tout naturellement un souvenir personnel de jeunesse que je désire consigner ici. J'ai connu beaucoup, le peintre Pichio, l'auteur du tableau popularisé qui représente *Baudin sur la Barricade*, je me souviens d'avoir visité souvent en son atelier de Billancourt cette toile historique, prohibée à ce moment là, par l'ordre moral; en compagnie de mon cousin-germain le capitaine Alphonse Pinhède, et de son frère, qui devait être un jour le beau-père du député Mirman.

Je revois encore dans une de nos visites amicales, le général Riu, vieil ami de ma famille et le condisciple de Jules Troubat, nous faisant le récit imagé de la Commune et cherchant à nous expliquer : *Devant le Mur*, la conduite de M. Clémenceau, une autre toile, encore plus prohibée, où Madame Pichio et ses deux enfants avaient servi de modèles pour retracer ce souvenir de tristesse et d'horreur fratricide.

La Genèse du Palais de la Mutualité

A M. Bussat, conseiller municipal

Lorsqu'on a consacré plusieurs années de sa vie à une cause et qu'on a bataillé longtemps pour son triomphe, on est doublement heureux de constater qu'on n'a pas prêché dans le désert.

Peu m'importe, si je n'ai pas la joie de mettre debout moi-même l'idée qui m'est chère. Ce qui fait ma fierté à cette heure, c'est de la voir germer entre d'autres mains plus souples et plus habiles.

Certes je ne désire point enlever à qui que ce soit l'honneur de l'*Hôtel de la Mutualité*, dont l'honorable M. Bussat s'efforce de faire prévaloir les avantages auprès de nos édiles (1).

Mais je suis bien obligé, car la loi du sang m'y contraint, de crier très-haut, puisque mon fils va naître, que j'en suis un tantinet le père.

Je sais bien que la chose va paraître un peu bizarre à certains esprits qui me croyaient peut-être déjà descendu dans la tombe. Mais, historiquement parlant, je dois la genèse de cette idée aux mutualistes d'hier et de demain.

(1) En août 1904, nous lisions dans les journaux :

Le Conseil municipal ayant décidé qu'il y avait lieu de fonder une Maison de la Mutualité à Paris, la Commission nommée à cet effet s'est réunie à l'Hôtel de Ville sous la présidence de M. de Selves, préfet de la Seine.

Après une discussion approfondie, la création d'une sous-commission chargée d'étudier les bases sur lesquelles pourrait être créée une « Maison de la Mutualité » a été décidée.

Cette sous-commission, dont M. Ranson a été nommé président, et M. Keller rapporteur, présentera au Conseil municipal, dès la rentrée d'octobre, le résultat de ses travaux.

Voilà donc purement et simplement le but de ce travail, qui s'efforcera de prouver ce que j'avance.

Je le prouve aisément en renvoyant mes lecteurs à ma brochure — épuisée aujourd'hui — qui a parue en 1896 sous ce titre : *Le Palais de la Mutualité*, et qui contient le portrait de l'honorable sénateur, M. Charles Prevet.

Cette brochure est faite d'un discours que j'ai prononcé au Banquet de l'*Emigration Creusoise* le 2 juin 1895, au nom du *Comité permanent des Mutualistes de France*.

En 1898, au VIe Congrès national de la Mutualité tenu à Reims, j'ai encore agité le grelot, mais non en vain, puisqu'il y a eu des oreilles pour emmagasiner ce que j'ai dit.

N'ai-je pas encore défendu cette idée dans le discours que j'ai prononcé au premier *Dîner des Mutualistes* (1), que j'ai eu l'honneur d'organiser en mai 1899, sous la présidence de M. Louis Barthou, alors ministre de l'Intérieur ?

N'ai-je pas dit en effet :

« S'il est des fêtes qui doivent laisser de charmants et durables souvenirs, c'est assurément celle-ci. — Mais elle ne serait pas complète si elle n'avait pas un lendemain pratique et fécond pour nos principes mutualistes.

« Je propose donc que le Comité en s'adjoignant quelques nouveaux membres, prépare et élabore :

« 1° Les assises d'un grand Congrès international mutualiste pour 1900 ;

(1) Voir *Le Solidariste* du 31 mai 1897, organe du *Crédit mutuel à Prêts gratuits*.

A ce propos, la *Revue de la Prévoyance et de la Mutualité* annonçait le banquet en ces termes :

« Nous souhaitons un vif succès à ces jeunes gens, aucune manifestation de la vie mutualiste ne pouvant être inutile à l'heure présente. Ils sont, à nos yeux, comme les hirondelles qui annoncent les beaux jours.

« Athénée a écrit qu'à Rhodes les enfants de l'île capturaient tous les ans l'une des premières hirondelles, en ayant soin de ne pas la blesser, et la montraient de porte en porte en disant : « Voici le printemps ! »

« Imitons les Rhodiens ! Saluons le printemps, la jeunesse qui vont agir. Partageons ses espérances et félicitons-nous avec elle de l'heureux message dont elle est chargée pour nous. »

« 2° Qu'il cherche les moyens d'élever au centre de Paris le *Palais de la Mutualité* ».

J'avais alors le plaisir et l'honneur de parler devant 200 auditeurs dont les plus marquants étaient : MM. Audiffred, Prevet, Lourties, Guérin, Milliard, Poirrier, Aynard, Siegfried, Guillain, Charles Ferry, Paul Delombre, Sibille, de Kerjégu, Trélat, Charles Roux, Yves Guyot, Bellan, Gay, Escudier, etc., etc.

Oublierai-je de mentionner que j'avais à ma gauche l'éloquent M. Chaumié, qui faisait son entrée dans la vie sénatoriale et dont l'honorable M. Audiffred, mon voisin de droite, augurait pour lui les plus hautes destinées ?

Le comte de Chambrun s'était fait représenter par ses trois secrétaires et le lendemain il exprima le désir de recevoir les organisateurs du banquet et de les remercier de vive voix des idées émises dans cette belle assemblée.

Enfin, désireux de frapper encore un coup sur le clou que j'avais essayé de planter, je me décide à publier dans la *Revue Philanthropique* du 10 avril 1899 une nouvelle étude sur le *Palais de la Mutualité*.

Mais avant j'avais eu l'idée d'ouvrir une souscription pour l'érection d'un monument en 1900 à la mémoire inoubliable de Piarron de Chamousset, philanthrope du XVIII° siècle ignoré, novateur méconnu du mécanisme mutualiste. A ce moment, ma première pensée fut de demander à l'éminent sénateur de la Lozère, M. Théophile Roussel, son patronage.

Dans la conversation très intéressante que nous eûmes, sur les hommes et sur les choses, l'auteur de tant de lois humaines, qui resteront comme autant de brillants fleurons, attachés à son nom désormais immortel, me dit avec une joie secrète : « N'oubliez pas de voir Léon Bourgeois, lui aussi est un philanthrope ouvert à toutes les idées généreuses, à qui l'avenir réserve un grand rôle ».

Je n'eus garde d'oublier le conseil du vaillant sénateur, qui s'est occupé avec autant de cœur que de compétence des enfants abandonnés, des employés dans les manufactures, des aliénés, etc., etc. Avec la meilleure grâce du monde, M. Léon Bourgeois répondit à mon appel par une gracieuse acceptation, faite pour m'encourager dans mon projet.

De là me vint l'idée de dédier mon article sur le *Palais de la Mutualité* à l'homme d'Etat, que le noble et vaillant philanthrope Théophile Roussel m'avait désigné : dans ce document, je crois avoir consigné tout le mécanisme d'une puissante organisation sans avoir banni tout le confort.

Et ce programme avait tant plu à M. Léon Bourgeois que l'éminent homme d'État m'écrivait quelques jours après la lettre suivante :

« Monsieur,

« J'ai été plusieurs fois absent de Paris et je n'ai pu répondre aussitôt que je le désirais à votre aimable communication. J'ai lu avec beaucoup d'intérêt votre article sur le « Palais de la Mutualité », et je crois avec vous que le groupement sur un même point des services aujourd'hui éparpillés des Sociétés de Secours mutuels parisiennes — créeraient entre elles — et ensuite entre les Sociétés de province elles-mêmes, — des liens matériels et moraux qui accroîtraient singulièrement leurs forces. Ce serait un degré de plus de mutualisation de la mutualité.

« Je ne puis donc que vous donner, très volontiers, ma cordiale adhésion.

« Veuillez me croire, Monsieur, votre bien dévoué.

« Léon Bourgeois ».

Après la lettre chaleureuse de M. Léon Bourgeois, il me paraît utile de publier celle de M. Bellan, l'aimable et infatigable syndic du Conseil municipal, toujours dévoué aux œuvres d'assistance :

« Cher Monsieur,

« Je ne puis qu'approuver votre projet de « Palais de la Mutualité ? » Les échanges de vues entre les différentes Sociétés de prévoyance et le groupement de leurs efforts ne peuvent avoir que le meilleur effet sur l'avenir des œuvres de mutualité.

« Veuillez agréer, cher Monsieur, l'assurance de mes sentiments dévoués.

« BELLAN. »

Puis l'aimable conseiller municipal du troisième arrondissement m'écrivait :

« Cher Monsieur,

« Merci de votre bonne lettre, c'est entendu. Je suis tout dévoué à votre œuvre.

« Cordial souvenir.

« L. ACHILLE. »

M. de Hérédia, ancien ministre, président d'honneur de l'*Avenir*, Société de prévoyance et de Secours mutuels des dames et demoiselles du Commerce et de l'Industrie, dont je fus le vice-président, m'écrivait :

« Mon cher Monsieur,

« Votre pensée est généreuse, j'applaudis bien volontiers, vous avez raison de vouloir donner une forme vivante et un cadre grandiose à la grande œuvre de Solidarité sociale qui nous préoccupe en cette fin de siècle.

« Nous sommes appelés à admirer, l'année prochaine, les merveilles innombrables du travail et de l'industrie. Quelle joie de pouvoir ajouter au spectacle de ces immenses caravansérails celui d'un palais idéal à l'usage des foules fraternellement groupées et indissolublement unies !

« Je suis de cœur avec vous, veuillez croire cher Monsieur, à mes sentiments dévoués.

« S. DE HÉRÉDIA. »

Puis-je oublier encore le concours dévoué, spontané, que l'honorable M. Marmottan, le distingué maire du XVIe arrondissement, m'a généreusement offert ?

A cette époque j'avais l'ambition d'obtenir une partie du Vieux Temple, que l'on va maintenant jeter bas pour faire place à des habitations modernes.

Je vis M. Achille, le dévoué et aimable conseiller municipal du quartier du Temple, qui, quoique très épris de l'idée, ne pût que me renvoyer à son collègue M. Lucipia, conseiller direct du Temple et rapporteur devant la Ville de cette opération. M. Lucipia, alors président du Conseil municipal, me fit comprendre en quelques mots que la chose était impossible.

J'avais cependant essayé de faire entrevoir au conseiller du quartier qu'il y avait un réel intérêt pour les commerçants des environs que la chose se réalisât au milieu d'eux. Mais mon éloquence n'a sans doute pas été assez convaincante, puisque les choses en sont restées là. Je le regrette vivement, d'autant que c'est bien le quartier qui convient à une telle association d'idées, puisqu'il est, et demeurera encore longtemps, l'axe de la ruche ouvrière de Paris.

Candidat aux élections municipales du 20 novembre 1898, n'ai-je pas encore demandé dans ma profession de foi :

1° L'installation du *Palais de la Mutualité* dans les locaux déserté par l'Académie de Médecine ;

2° L'érection de la statue de Piarron de Chamousset dans le jardinet, qui appartenait à ladite Académie, et qui fait l'angle de la rue des Saint-Pères et du Boulevard Saint-Germain.

Et cela pour les quatre motifs suivants :

1° Parce que la statue du grand philanthrope ne pouvait être mieux placée, qu'auprès des institutions, qu'en devin, Chamousset avait prévues *cent-trente-cinq* ans d'avance ;

2° Parce qu'il avait fondé la *Maison d'Association*, pépinière de la Mutualité, à la porte de Sèvres ;

3° Parce qu'il avait formé le projet de créer un pont volant entre le Pont Royal et les Invalides ;

4° Enfin, parce que sa dépouille mortelle repose à Saint-Nicolas-du-Chardonnet.

Très entêté dans mes idées, je m'adresse en Décembre 1899 au Président du Conseil Municipal, qui me fit répondre la lettre suivante :

ADMINISTRATION GÉNÉRALE
DE
L'ASSISTANCE PUBLIQUE
À PARIS

DIVISION
du Domaine et Compté

BUREAU
du Domaine
N° 52

Au sujet d'une demande d'affectation des bâtiments actuellement loués à l'Académie de Médecine à l'installation du Palais de la Mutualité

RÉPUBLIQUE FRANÇAISE
LIBERTÉ - ÉGALITÉ - FRATERNITÉ

Paris, le 20 Janvier 1900.

« Monsieur,

« Monsieur le Président du Conseil Municipal de Paris m'a transmis votre pétition en date du 1er Décembre 1899, aux termes de laquelle vous avez sollicité, au nom du comité de la Mutualité, la cession du local actuellement occupé par l'Académie de Médecine, 49, rue des Saints-Pères, et dépendant du domaine hospitalier, en vue de l'installation du Palais de la Mutualité.

« J'aurais été heureux de m'associer dans la mesure du possible à la réalisation d'une œuvre philanthropique qui me paraît devoir mériter le plus vif intérêt ; mais il ne m'est pas possible de donner suite à votre demande.

« Les bâtiments dont il s'agit seront, en effet, évacués par l'Académie de Médecine au plus tôt à la fin de l'année 1900, car l'immeuble en construction rue Bonaparte ne pourra pas être terminé avant cette date.

« D'autre part, le projet de démolition des bâtiments de l'hôpital de la Charité est au nombre de ceux sur lesquels doit délibérer bientôt le Conseil municipal, enfin, dans le cas où ce projet ne serait pas voté l'Administration de l'Assistance publique se propose de développer les services trop à l'étroit de l'hôpital de la Charité en annexant à cet établissement les locaux actuellement occupés par l'Académie de Médecine.

« Dans ces conditions, Monsieur, il m'est absolument impossible d'entrer en négociations avec votre comité en vue du projet que vous avez formulé dans votre pétition, et je vous en exprime tous mes regrets.

« Agréez, Monsieur, l'assurance de mes sentiments très distingués.

« *Le Directeur de l'Administration,*

« DOCTEUR NAPIAS. »

Aujourd'hui, je suis obligé de constater que la même administration a aliéné ces locaux en faveur de l'*Alliance Française ;* ceci dit sans rancune.

Bizarre!... Affaire de veine, de temps, et d'opportunité, direz-vous, n'est-ce pas?

Bast!... C'est à croire vraiment que déesse la Guigne, a quelquefois présidé à votre destin de malédiction. Combien de qui les espoirs légitimes sont perpétuellement déçus, c'est là le calvaire de nos ambitions; qui, même au prix d'un travail acharné, n'arrivent qu'à nous clouer les pieds et les mains au rêve irréalisé.

La veine et la malchance, cela existe en France comme en Russie.

Il faut savoir s'en consoler, en attendant les circonstances propices, d'utiles rencontres, d'heureux hasards, puisque ni le talent ni le travail ne peuvent rien contre la fatalité. Puis, quand on a quelque fierté et quelque indépendance dans l'âme, on ne saurait en faire litière, pas plus qu'on ne pourrait changer de peau.

Maintenant que j'ai exposé les faits, puisse la fructueuse

campagne, qu'entreprend M. Bussat auprès de l'Hôtel de Ville, aboutir à un excellent résultat. Si j'ai tenu à faire observer que la priorité de cette idée était mienne, c'est pour prouver une fois de plus que j'ai semé, dans ma vie courte encore, pas mal d'idées pratiques. Je n'en suis pas plus riche, d'autant que, pour récompense, j'ai reçu pas mal d'ingratitude et d'injure.

Je m'en console, puisqu'on dit que cela est humain.

Sans rancœur, sans amertume, comme le voyageur sur une longue route, je veux m'obstiner à poursuivre l'idéal du *Solidarisme* (1).

Et puisque nos heures sont comptées au cadran du Temps, je veux regarder avec confiance l'avenir; car le temps, grand enseigneur de vérités, se charge de mettre chaque chose à son point quand l'heure a sonné.

Mais en attendant, avec ma plume, qui n'est point dans le bien comme dans le mal, une force perdue, je veux poursuivre ma tâche en préconisant certaines créations que je crois indispensables au bien-être des Mutualistes.

Oui, la plume est une force, car elle vous procure les jouissances les plus suaves.

Quelle force, en effet, est entre les mains d'un écrivain honnête homme ce simple outil fragile comme du verre, ardent comme la foudre, communicatif comme l'électricité, cette arme souvent irrésistible, la plume, ce petit corps d'acier, qui grince, qui vibre, qui court sur le papier, sous l'impulsion mécanique de ses doigts, pour graver, immortaliser les jets généreux, débordants, impétueux même, de son cœur et de son esprit.

La joie de l'écrivain dépasse toutes les concupiscences rêvées, lorsque dans l'océan de la vulgarisation des idées, une des siennes au milieu de tant d'autres, surnage dans le flot des innovations humaines et sociales, comme le nénuphar

(1) Néologisme que j'ai créé en 1895, en fondant le *Solidariste*, pour établir une démarcation entre le Socialisme, qu'on a fait servir à trop d'ambitions.

solidement enraciné, qui résiste au plus fougueux emportement de la rivière.

Pourquoi ne pas le dire, j'ai rêvé pour les Mutualistes la création, à la porte de tous les grands centres, des *Sanatoria pour les Mutualistes tuberculeux* (1), en même temps que l'organisation de *Ruche mutualiste*, home organisé avec tout le confort qu'exige l'hygiène et la moralité ; foyer sain et ensoleillé, propre à l'éclosion des tièdes intimités et des humbles tendresses familiales — dont la réalisation si simple peut marquer un progrès immense dans la lutte contre la tuberculose, mal terrible qui ronge les forces vives de la France.

J'ai confiance, que ces deux réformes sociales seront comprises et se réaliseront prochainement sous la poussée généreuse des idées de fraternité mutualiste.

Aussi en voyant la floraison d'une idée qui date des plus belles années de ma vie, qu'il me soit permis d'éprouver la joie du semeur qui contemple la germination du grain qu'il a semé par la pluie ou le soleil. Allons, messieurs, mettons-nous à l'œuvre, associons nos efforts pour créer ce Palais de la Mutualité qui sera ouvert à tous les rayons, à toutes les ombres humanitaires, à toutes les fertilisantes tempêtes de l'idée.

(1) Cette question des habitations salubres encore imparfaitement connue, n'est en somme qu'une des faces du grand problème de l'hygiène et de la lutte contre la tuberculose, à la solution duquel je me suis attaché en préconisant :

1° *La Société des Sanatoria pour les mutualistes tuberculeux*, en collaboration avec M. Leroy, ingénieur ; et M. Saint-Père, architecte ; ainsi qu'avec la compétence d'un conseil d'hygiène, composé de MM. les docteurs Bacchi, Binet, Quilliot, Rosenthal, Saqui. (Lire l'appel qui se trouve à la fin de ce volume) ;

2° *La Rüche Mutualiste d'Ivry* qui construit en ce moment dans cette localité vingt-cinq maisons de cinq étages, pour abriter des familles mutualistes désireuses du dernier confort que l'hygiène prescrit et la morale réclame

Cette rüche bâtie avec le concours financier initial de M. Leroy, ingénieur, et la comtence de M. Langlois, architecte, va enrichir le domaine des logements salubres à bon marché : œuvre de haute moralité sociale digne de réjouir M. Siegfried et ses amis.

Le Premier Dîner des Mutualistes (1)

Il y a des sensations de joie tellement profondes que les mots vous manquent pour les exprimer.

Notre dîner a pleinement réussi, grâce au concours de tous. Cette belle assemblée du 27 mai restera dans notre souvenir comme l'une des plus belles, des plus nobles manifestations de la Mutualité et de la Solidarité, provoquée par le *Crédit Mutuel.*

Quel spectacle inoubliable que celui des tables où se pressaient dans un mélange curieux les représentants de toutes les classes de la Société : ouvriers, négociants, hommes de lettres, députés, sénateurs, conseillers municipaux, anciens ministres, venus là dans un seul but : glorifier, exalter la solidarité de nos associations !

Mieux vaut en pareille occasion donner la parole à un de nos grands confrères, impartial ; de cette façon, on ne nous taxera pas d'exagération. Ainsi parle le *Temps* de 29 mai :

Hier soir avait lieu la première manifestation d'un groupement nouveau, dont l'action peut-être singulièrement fécond et utile.

Les Mutualistes ont donné leur premier banquet, M. Barthou, ministre de l'intérieur, présidait ; le Président de la République était représenté par le commandant Legrand ; une cinquantaine de membres du Sénat et de la Chambre des députés étaient pré-

(1) Voir le *Solidariste* du 31 mai 1897. Deux exemplaires de ce compte-rendu ont été tirés sur papier de luxe, pour être offerts à M. le Président de la République et à M. le Ministre de l'Intérieur.

sents, ainsi que deux cents mutualistes de Paris et de la province. On le voit, la réunion était importante et par le nombre et par la qualité des convives. Quel était son objet ?

Quelques hommes, résolus à organiser une active propagande en faveur des idées de prévoyance et convaincus que la première condition d'une action efficace réside dans l'union et dans l'entente, ont décidé de fonder à Paris une réunion trimestrielle dite « Dîner des Mutualistes ». Ils y ont conviés tous ceux qui, sans distinction d'école ou de parti, pratiquent le grand principe de la Mutualité, ainsi que tous ceux qui de près ou de loin veulent seconder les efforts des premiers, dans la voie de l'apaisement social. Un comité s'est formé, qui se compose de MM. Audiffred, Girard et Marmottan, députés, Colombet, maire, adjoint du XVIe arrondissement, Catelain, président de l' « Etoile », Brylinski, président de la « Mutualité Maternelle », Mercey, président de l' « Union du Commerce », Boujean, Bartaumieux, Dr Chauveau, P. Maze, F. Martin-Ginouvier. Le comité, comme premier acte d'une propagande active, a voulu donner a son premier dîner le caractère d'une imposante manifestation mutualiste : il y a pleinement réussi.

*
* *

Au Grand Véfour, dès 7 heures, les convives arrivent, tous avides de prendre une bonne place pour entendre le jeune et éloquent Ministre de l'Intérieur.

Dès que M. Barthou fait son entrée, accompagné de M. Constantin, son chef-adjoint de cabinet, il est immédiatement très entouré. M. le Commandant Legrand ne tarde pas à paraître. A 7 heures 1/2 les salons présentent une animation extraordinaire, à ce moment on annonce que M. le Ministre est servi.

Devant une table toute semée de roses et de verdures, M. le Ministre prend place au fauteuil.

Il est encadré à sa droite par M. le Commandant Legrand représentant le Président de la République et M. Paul Maze ; à sa gauche par M. Audiffred, député, président du *Dîner des Mutualistes*, et M. Martin-Ginouvier, promoteur du Dîner.

Au menu nous lisons :

Potage
Consommé Princesse et Grand Véfour
Relevé
Turbot sauce Hollandaise
Pomme au naturel
Entrée
Contre-filet Renaissance
Rot
Poulardes du Mans à la Broche
Salade de Saison
Légumes
Petits pois à la Française
Entremets
Bombes Vieloska Gaufrettes
Petits fours
Desserts
Fromage. — Corbeilles de fruits.
Vins
Graves Médoc. — Saint-Julien
Champagne
Café et Liqueurs

Çà et là, à la table d'honneur, MM. Marmottan, Girard, députés ; Colombet, maire adjoint du XIVe, Catelain, Bonjean, le Dr Claude Chauveau, membres du comité d'organisation du dîner.

Puis MM. Raynal, Lourties, Guérin, Milliard, Poirrier, Chaumié, Prevet, Barbey, Cuvinot, Tirman, Siegfried, Chaudey, Charles Roux, Papelier, E. Barbey, Aynard, Bory, de Kerjégu, Trélat, Guillain, Charles Ferry, G. Roch, Sibille, Cordelet, Dulau, Rambourgt, Paul Delombre, Dejean, Yves Guyot, Barberet, Colas, May, Van-Brock, Guillaume Beer, etc., etc.

Le Conseil municipal est représenté par M. Bellan, syndic,

MM. Gay, Escudier. Parmi les Sociétés représentées nous remarquons au hasard :

MM. de Hérédia, président d'honneur de l'Avenir, ancien ministre.

Le docteur Javal, membre de l'Académie de Médecine.

Groult, président de la Société de Secours mutuels de Vitry-sur-Seine.

Georges Wickham, adjoint au maire du IIe arrondissement, vice-président de la Société protestante de Prévoyance et de Secours mutuels de Paris.

La Mutualité Maternelle avait délégué MM. Félix, Morhange, Millet.

Le Comité Central des Prévoyants de l'Avenir avait délégué trois membres dont nous ignorons les noms.

La Société de Protection Mutuelle des Voyageurs de Commerce était représentée par MM. Fleig, Allard, Breissac.

Le Comité Permanent des Mutualistes était représenté par plusieurs membres.

Charles Roitel, président de la Société du quartier de la Roquette.

Guerbois, président de la Société des pâtissiers-glaciers.

Boire, président de l'Avenir du Prolétariat.

A. Vandendorpel, président de la Société du quartier Saint-Avoye.

Jules Lefèvre, ancien maire de Courbevoie, président de la Société Scolaire Mutuelle de Courbevoie.

P. Lunel, président de la Terre Promise.

Ed. Benoit-Lévy, président de la Société.

Le Baron de Ravisi, président d'honneur de l'École Phalanstérienne.

Déruelle, président de la Société Française de Prévoyance des employés de Banque.

Anty, agent général de l'Étoile (garçons limonadiers).

Delorme, président de la Fraternelle de l'Étoile.

Girard, fondateur des Bibliothèques populaires et de la

Société Francklin, président du Groupe des pensions supplémentaires.

Thibaudière, délégué de l'Union des Travailleurs du Tour de France.

Edmond Marignau, membre de la Ligue Nationale de la Prévoyance et de Mutualité.

Charles Perrin, vice-président de la Société de Secours Mutuels du IXe arrondissement.

Jules Mansais, président de la Société de Secours Mutuels du quartier de Saint-Vincent-de-Paul.

Jules Poilecot, secrétaire des coiffeurs de Paris.

G. Lespagnol, président de la Société de Secours Mutuels de Levallois-Perret.

Albert Chauffon, avocat au Conseil d'État.

Deligand, membre du Conseil de l'ordre des avocats, Conseil de plusieurs Sociétés de Secours Mutuels.

L. Simon, président des enfants de Japhet.

Petit, président de la Société des pharmaciens de France.

Félix Favre, président de la Société de Secours Mutuels de librairie de Paris.

Légé, président de la Société de Secours Mutuels des sculpteurs.

Cottin, ancien président de la Société de Secours Mutuels de Pantin.

Émile Robert, président de l'Union Belge.

Alfred Muteau, conseiller général, secrétaire général de la Société internationale pour l'étude des questions d'assistance, etc., etc.

M. le Comte de Chambrun avait délégué ses trois secrétaires : MM. B. Kozakiewicz, A. Fillioux, G. Leroux.

A la dernière minute se sont excusés : MM. Constans, Charles Dupuy, Cazot, Paul Deschanel, Poincaré, Léon Bourgois, Ouvré, Berger, Waddington, Demôle, Mézières, Paul Lerolle, Cornet, Vuarnier, directeur de la Caisse des dépôts et consignations, Saincère, directeur du Personnel, Léon Barthou, chef du Cabinet du Ministre.

Expert, Besançon, Cheysson, Cavé, Thézard, A. Monod, Armand Colin, Bartaumieux, Mercey, Brylinski, Alcide Picard, H. Macaire, président de la Société d'Alençon.

Marcel Legrand, président de l'Union des ouvriers et employés de Fécamp.

Docteur Gyoux, président du Syndicat Girondin.

A. De Dessuslamac, président de l'Association des Voyageurs de Commerce.

Dumont, de Lyon, Lenoir, de Versailles, Gautrin, de Dourdan.

Les représentants de la presse sont :

MM. Cardane du *Figaro*, Muscadel des *Débats*, Pognon de *l'Agence Havas*, Marcel Fournier et Félix Roussel, de la *Revue Politique et Parlementaire*, etc., etc.

A ce moment nous avons reçu de nombreuses dépêches qu'il nous a été impossible d'analyser, qu'il nous suffise aujourd'hui d'en citer la source : Alger, Philippeville, Tours, Angers, Tarare, Grenoble, Nîmes, Charleville, Romans, Dunkerque, Bordeaux.

Enfin, nous avons reçu de Marseille ce télégramme plein d'espérance pour notre œuvre :

Adhérents Marseillais ; Crédit mutuel à prêts gratuits, de cœur avec vous.

Henri DERVILLE.

M. Henri Derville est le vaillant directeur de l'*Écho de Marseille*, qui lutte courageusement pour implanter notre mode de *Crédit Mutuel* dans

Marseille glorieuse et fière
De nous montrer sa Canebière
Son port et son Prado, son phare en pleine mer,
Et Notre-Dame de la Garde
Que le pieux rocher regarde
Du gouffre amer.

C'est ainsi que parle M. Auguste Nicot dans son *Ode pour le quatrième centenaire de la réunion de la France à la Provence.*

Souhaitons qu'un jour, un poète puisse chanter à côté des merveilles de Marseille le fonctionnement démocratique du *Crédit Mutuel*, grâce au zèle de notre ami Henri Derville.

Après Marseille vient Montpellier, cette dépêche dit :

Vos compatriotes participants qui veulent implanter le *Crédit Mutuel* dans votre pays natal, suivent avec joie vos étapes.

A neuf heures le champagne pétille dans toutes les coupes, l'heure des toats est arrivée, M. le Ministre donne la parole à M. Audiffred.

Discours de M. Audiffred

Messieurs,

Au nom des organisateurs de ce banquet je vous propose de porter la santé de M. le Président de la République qui a bien voulu se faire représenter aujourd'hui par M. le commandant Legrand et témoigner ainsi l'intérêt qu'il porte aux Sociétés de Secours Mutuels. (*Très bien ! très bien !*)

Avant son élévation à la première magistrature de l'État, M. Félix Faure avait été toujours au premier rang des promoteurs des idées de prévoyance. Depuis, il n'a cessé d'encourager tous les efforts qui ont été faits pour les répandre et lorsque nous sommes allés à l'Elysée pour lui demander de se faire représenter à cette fête il a bien voulu me charger de vous dire en son nom qu'il s'intéressait vivement à l'œuvre que nous voulons entreprendre.

Au nom des organisateurs, je remercie également M. Barthou, ministre de l'Intérieur, d'avoir bien voulu assister personnellement à notre banquet. Nous savons tous combien il s'intéresse à toutes les œuvres qui ont pour but l'amélioration de la condition humaine. Nous lui savons un gré infini de mettre ici au service des Sociétés de Secours Mutuels son talent, son autorité personnelle et l'autorité qu'il détient des hautes fonctions qu'il remplit. (*Très bien ! très bien !*)

Il vous dira ce qu'on peut attendre de ces institutions de solidarité et de fraternité qu'on appelle Sociétés de Secours Mutuels : il le fera avec éloquence ; je me garderai donc bien d'aborder ce sujet avant lui.

Mais je dois vous exposer très brièvement ce que nous avons voulu faire, en organisant cette fête de famille, à laquelle nous avons convié les mutualistes de toutes les écoles sans distinction.

Depuis quinze ans on a étudié, soit au Parlement, soit au dehors, toutes les questions relatives à l'assurance contre la maladie et à l'assurance contre la vieillesse. Des lois vont être prochainement votées pour faciliter les moyens de venir en aide aux personnes victimes de la maladie, comme à celles que la vieillesse met dans l'incapacité de travailler.

Ces études théoriques, scientifiques, ont été aussi complètes que l'a permis l'étude des faits qui ont pu être observés. Je ne veux pas dire que cette période d'études doit être close, mais il importe, sans abandonner ces recherches, de porter à la connaissance du grand public tous ces résultats acquis et de lui apprendre comment par des procédés très simples, à l'aide de l'organisme des Sociétés de Secours Mutuels, il peut se préserver des conséquences si funestes de la maladie et de la vieillesse.

Notre banquet n'est donc pas une simple fête d'amis de la Mutualité. Il est, il doit être le point de départ d'une action méthodique, réfléchie et persévérante en faveur de la création de Sociétés mutuelles sur tous les points du territoire et notamment là où les institutions des cantons entiers, même des arrondissements à défricher, nous devrons porter nos efforts partout, et nous réussirons, car les idées que nous avons à répandre sont éminemment simples, d'une application facile, et peuvent être développées et propagées par les plus humbles.

Avec une cotisation de 12 francs par an, c'est-à-dire de 4 centimes par jour, on peut se garantir contre les conséquences pécuniaires de la maladie, frais de médecins, frais de pharmacien, perte de salaire et obtenir, ce qui est sans prix, l'assistance amicale et fraternelle des membres de la Société. (*Très bien ! très bien !*)

Cette dépense sera même réduite, si les Pouvoirs publics,

aidés par nos Sociétés de Secours Mutuels et par des philanthropes généreux, continuent à accorder le crédit de 125.000 fr. dont nous avons sollicité le vote pour favoriser les recherches des savants en vue de découvrir les méthodes de traitement des maladies infectieuses et contagieuses, comme la tuberculose, qui tue chaque année 160.000 personnes, faisant plus de victimes que la guerre de 1870, comme la fièvre typhoïde, le croup, la diphtérie, le cancer, la rougeole, la scarlatine, toutes maladies que la science rendra évitables au grand profit de notre pays, où la mortalité dépasse actuellement la natalité.

Quatorze cent mille personnes en France font déjà partie des Sociétés de Secours Mutuels, et jouissent de ces avantages. Notre but est de déterminer toutes les autres à les imiter, de les enrégimenter dans cette armée de l'épargne, de la fraternité et de la prévoyance. (*Très bien ! très bien !*)

Avec quelques centimes par jour, on peut en outre créer, au profit des membres des Sociétés de Secours Mutuels (7 à 10 centimes), une rente viagère. Avec le concours des patrons, de l'agriculture, de l'industrie et du commerce, avec l'aide de l'État, on peut porter cette rente à un chiffre suffisant pour qu'elle ait le caractère d'une rente alimentaire (360 francs).

Sur dix mille Sociétés de Secours Mutuels qui existent, quatre mille ont entrepris de constituer des retraites à leurs membres. En dehors d'elles, d'autres Sociétés poursuivent le même but. Plus de trois millions de personnes s'appliquent déjà à s'assurer pour leurs vieux jours les ressources qui leur permettent de vivre avec dignité et indépendance.

Nous désirons que cet exemple se généralise, et nous nous proposons également d'entreprendre dans ce pays une campagne de propagande pour déterminer tous les Français à imiter cette élite de prévoyants. Nous nous adresserons aux adultes, nous nous adresserons aussi aux enfants.

L'épargne et la prévoyance sont des vertus difficiles à pratiquer. Il faut les enseigner de bonne heure. M. le Ministre disait, à une des dernières séances de la Chambre, que les Sociétés de

Secours Mutuels scolaires comptaient déjà quarante mille membres.

Nous désirons qu'elles comprennent bientôt tous les enfants de nos écoles. (*Très bien ! très bien !*)

Vous me permettrez ici, Monsieur le Ministre, de vous soumettre une requête que j'avais déjà présentée à M. Poincaré, lorsqu'il était ministre de l'Instruction publique, et que je vous prie de recommander à votre collègue M. Rambaud. Il conviendrait de créer des Sociétés de Secours Mutuels, non seulement entre les enfants de nos écoles primaires, mais entre les enfants de ces écoles et ceux de nos lycées et de nos collèges, afin de réunir, dès le début de la vie, dans une pensée d'assistance mutuelle, de fraternité et de solidarité, ces enfants d'origine et de fortune diverses. (*Très bien ! très bien !*)

Ce rapprochement s'impose dans notre société, où toutes les situations se modifient sous l'influence du talent, du travail et de l'esprit d'ordre et de prévoyance ; où les fils et petit-fils des favorisés d'aujourd'hui seront les déshérités de demain, avec les atténuations qu'apporte à ces déchéances le progrès général.

Voilà l'œuvre de grande importance que nous voulons entreprendre. Pourra-t-on la mener à bien ? Nous n'en doutons pas, car son but est des plus pratiques, des plus utiles et des plus simples. Mais il faudra le concours de bonnes volontés multiples sur tous les points du territoire. C'est à l'obtenir que nous nous attacherons.

Il y a trente ans, deux grandes préoccupations hantaient l'esprit de tous les hommes de progrès. La première consistait à mettre l'instruction à la portée de tout le monde, et à créer partout les écoles, les établissements d'enseignement secondaire et de haut enseignement, qui étaient nécessaires. Cette œuvre a été accomplie en vingt ans, de 1878 à 1896 ; le budget de l'Instruction publique a été porté de 37 à 193 millions.

La seconde était de constituer partout un outillage de ports, de canaux, de routes, de chemins vicinaux, de lignes postales et télégraphiques, afin d'accroître la production et la richesse nationales.

L'œuvre que nous tentons pour les institutions de prévoyance est aussi vaste et aussi difficile. Elle nécessite autant d'efforts. Tous ceux qui la commenceront n'en verront pas la fin.

Il n'importe pas moins de s'y adonner et de la poursuivre en dehors de toute préoccupation de parti et d'intérêt personnel, comme une de ces œuvres profondément utiles, qui doivent contribuer à la grandeur de la patrie et à l'émancipation de l'humanité. (*Très bien ! très bien !*)

Par l'instruction, la République a supprimé la servitude de l'ignorance ; par le développement des voies de communication, elle a affranchi les producteurs des obstacles que le temps et l'espace leur faisaient subir ; par le développement des institutions de prévoyance, réalisé comme nous le souhaitons, elle affranchira les citoyens de la servitude, de la maladie et des misères qu'entraîne avec elle la vieillesse.

En terminant, Monsieur le Ministre, je ne saurais trop vous remercier de vous être associé à la pensée qui nous a inspirés, et de nous apporter l'appui du Gouvernement pour une entreprise philanthropique dont nous poursuivrons la réalisation simplement, avec esprit de suite et de persévérance, en bons citoyens qui, se défiant d'eux-mêmes, font appel au concours de tous et n'ont qu'un désir, celui de contribuer dans la mesure de leurs forces, de leur intelligence et de leur cœur, au Progrès général. (*Applaudissements répétés*).

Discours de M. F. Martin-Ginouvier

Monsieur le Ministre,
Messieurs,

Au nom du Comité d'organisation, j'adresse un salut cordial aux vingt délégués des Sociétés départementales qui ont répondu à notre appel. (*Applaudissements*).

Un devoir impérieux de gratitude nous lie envers vous tous, Messieurs, vous qui représentez dans vos départements la Mutualité vivante et agissante, pratique et humaine.

Soyez donc les bienvenus à cette table de fraternité et de solidarité. Car nous sommes fiers de saluer, ici présents :

MM. Auguste Bléton, président honoraire du Comité de Lyon.

Vermont, président de l'Emulation chrétienne de Rouen.

Eugène Roche, président de l'Union des Sociétés de secours mutuels du Nord et de la Société des voyageurs et employés du Nord.

Cornic, juge suppléant de Justice de Paix à Caen, membre correspondant du Crédit Mutuel à prêts gratuits.

Baguenault de Puchesse, président de la Générale d'Orléans.

Jules Romondot, délégué de la Société de secours mutuels des ouvriers de Vesoul.

A. Vincent, président de la Société de Rambouillet.

Aubert, maire de Montigny-les-Cormeilles (Seine-et-Oise).

J. Bivort, président de la Société de secours mutuels du Vésinet.

Retalie, maire de Sannois, président de la Société philanthropique.

Mauchin, adjoint du maire, secrétaire de la Société philanthropique de Sannois.

Le docteur Christen, maire de Vaucresson, président de la Société de secours mutuels.

Arsène Collet, conseiller général de Mantes-sur-Seine.

Maurice Muret, conseiller général de Seine-et-Oise, président de la Société de prévoyance et de secours mutuels de Montmorancy.

Ch. Welsch, directeur de l'école communale de Chatou.

Eugène Bénard, secrétaire de la Prévoyance du Vésinet.

Charles de Saint-Paul, président de la Société de secours mutuels de Chécy (Loiret).

Léon Désoyer, maire de Saint-Germain-en-Laye, vice-président de la Société philanthropique.

MM. Demelin et Pouthier de Senlis.

J. Griache, président de la Société de secours mutuels, maire de Césy (Yonne).

Louis Debrouwer, de Dunkerque.

Charles Rogez, de Lille, etc., etc.

Messieurs,

En assistant à nos congrès et à ce dîner, vous sentez l'importance de la mission que vous avez assumée. Vous voulez réunir en un seul faisceau les efforts épars, les bonnes volontés isolées. Vous cherchez à leur donner un but commun.

Vous désirez aussi constater les résultats obtenus, vous éclairer mutuellement et rechercher ensemble les meilleurs moyens de régulariser et d'activer, suivant la méthode de notre vaillant président, M. Audiffred, la propagande.

Si nous avons a regretter l'absence de M. Bonniot, de Marseille ; de M. Gyoux, de Bordeaux ; de M. Hérente César, de Toulon, et de bien d'autres amis ; nous savons qu'ils sont avec nous de cœur et qu'ils feront l'impossible pour répondre à notre prochaine invitation.

La lettre suivante, de notre ami, M. Hérente César, en est une preuve :

« Monsieur et chers Collègues,

« Vous m'avez fait l'honneur, au nom des initiateurs du *Dîner des Mutualistes*, de me convier à la première levée de fourchettes du 27 mai.

« Je suis très flatté de cette aimable attention, mais à mon grand regret, ayant pour cause mon éloignement considérable de Paris, vous voudrez bien faire excuser mon absence à cette fête.

« Mais, bien qu'absent de cette manifestation provoquée par l'élite de la Mutualité parisienne, je serai par le cœur présent au milieu de vous, et si vous voulez bien me servir d'interprète, vous voudrez bien dire, au moment des toasts, au nom du Président du Comité mutualiste du Var, que les Toulonnais s'associent entièrement au vœu d'apaisement qui doit exister parmi les membres de la grande famille des Prévoyants.

« De grand cœur, nous applaudissons aux projets d'organisation d'un Congrès international à Paris pour 1900, et à l'édification dans la capitale d'un PALAIS DE LA MUTUALITÉ.

« Ce que nous voudrions encore voir au dîner, c'est l'engagement formel du gouvernement de doter la Mutualité Française avant la fin de la session parlementaire, d'une loi qui donnera aux Sociétés de secours mutuels le droit d'union, le seul et unique bienfait, à notre avis, qu'attendent nos institutions pour prendre une extension indispensable.

« Veuillez agréer, Monsieur le Secrétaire et cher Collègue, mes cordiales salutations et faire agréer aux aimables convives du 27 mai, l'assurance des sentiments affectueux des Mutualistes toulonnais.

« HÉRENTE CÉSAR,

« *président du Comité mutualiste consultatif du Var* ».

Maintenant, mon devoir est de vous donner connaissance d'une lettre de M. le comte de Chambrun, qui ne pouvant assister en personne à ce banquet, a délégué ses trois secrétaires pour le représenter.

Ce témoignage de sympathie est touchant, lorsqu'on songe que ce vaillant vieillard consacre toute son activité, sa fortune, à doter son pays d'un code de solidarité humaine. (*Applaudissements répétés*).

Dans sa simplicité cette lettre sera plus éloquente que toutes mes paroles.

« Monsieur,

« Je m'empresse de répondre à votre circulaire en vous priant de m'inscrire pour trois places au banquet du 22 mai, et je vous remets ci-joint ma souscription.

« Mon grand âge et ma situation de santé ne me permettent point d'assister à aucune fête de ce genre, mais j'attache une grande importance à y figurer de mon nom, et j'y serai représenté par trois de mes plus intimes parents ou amis.

« En effet, parmi tant d'œuvres qui nous sollicitent et nous préoccupent, nous, les sociologues, les hommes dévoués à l'amélioration intellectuelle, morale et matérielle du plus grand nombre, les mutualistes se présentent en tête. Enfin, il y a bientôt un demi-siècle, je leur avais apporté tout mon devouement, tout mon zèle, et c'est avec joie encore que j'extrais le passage suivant d'un rapport général sur la situation des sociétés de secours mutuels, inséré au *Journal officiel* de cette époque :

« D'autres Sociétés plus humbles et plus modestes s'essaient dans des bourgs et dans des villages. C'est ainsi que dans le Jura, l'intelligence active de l'Administration départementale a mis la prévoyance à la portée du plus pauvre hameau.

« La cotisation est bien faible, l'indemnité presque nulle ; mais la commune y a toujours gagné, ce qui ne se mesure ni au chiffre de la cotisation ni à la valeur de l'indemnité, les relations affectueuses et les excellents rapports qui naissent du fait même de l'association.

« Vous offrant, Monsieur, toutes les assurances de ma plus sympathique et plus dévouée considération.

« Pour le comte de Chambrun aveugle et ne pouvant signer :

« B. Kozakiewicz.

« *Secrétaire de M. le comte de Chambrun.* »

(*Applaudissements.*)

Pour ne pas abuser de votre patience, je borne-là le dépouillement de notre courrier. Maintenant il m'est agréable de vous dire, Monsieur le Ministre, que je ne serais pas l'interprète fidèle des Mutualistes présents, si je ne vous adressais pas quelques mots de remerciement, vous avez bien voulu, Monsieur le Ministre, accepter la présidence de notre premier dîner et nous apporter ainsi un solennel témoignage de la sympathie du Gouvernement pour l'œuvre de concorde et d'union que nous allons essayer de créer dans le monde de la Mutualité.

Depuis que vous êtes Ministre de l'Intérieur, poste qui exige un doigté délicat — vous nous l'avez dit avec un accent pénétrant — tous vos dimanches ont été consacrés à venir au milieu de nos Sociétés, pour apprécier le service rendu à nos coassociés.

Puis, pénétré jusqu'au fond du cœur des sentiments de solidarité qui seuls peuvent effacer les inégalités sociales, vous avez merveilleusement compris qu'un gouvernement républicain ne doit pas rester indifférent aux appels de la fraternité humaine, en maintes occasions, convaincu de son rôle, vous avez proclamé les bienfaits de l'initiative individuelle en France.

Il y a quelques jours, vous assistiez au Congrès de Saintes, à côté de M. le Président de la République qui a un véritable culte pour la Mutualité — il nous le prouve du reste en se faisant représenter ici ce soir : — Aujourd'hui vous êtes au milieu de nous pour affirmer ainsi publiquement que nous pouvons compter sur votre collaboration et sur votre appui.

C'est bien pourquoi nous attachons un si grand prix à l'honneur que vous nous faites en acceptant, ce soir, le fauteuil de la présidence. Aussi nous vous remercions d'avoir bien voulu répondre à notre pressant appel.

Au nom de tous les Mutualistes de Paris et de la France, daignez agréer l'humble expression de notre sincère gratitude.

Et, s'il est des fêtes qui doivent laisser de charmants et durables souvenirs, c'est assurément celle-ci. Mais elle ne serait pas complète si elle n'avait pas un lendemain pratique et fécond pour nos principes mutualistes.

Je propose donc que le Comité en s'adjoignant quelques nouveaux Membres, prépare et élabore :

1° Les assises d'un grand *Congrès international pour 1900 ;*

2° *Qu'il cherche les moyens d'élever au centre de Paris, le Palais de la Mutualité.* (Très bien, très bien.)

Ces vœux, nous vous les transmettons, Monsieur le Ministre, avec la confiance que vous aurez à cœur de les faire aboutir, car nous savons que vous êtes décidé à favoriser, à encourager par tous les moyens possibles les initiatives mutualistes.

Or, tout nous autorise à espérer que vous voudrez attacher votre nom à ces projets que nous voudrions voir élaborer dès demain.

Écoutez notre appel, Monsieur le Ministre, écoutez nos vœux, prenez en main notre cause, que l'initiative privée fasse son devoir, mais après que le Parlement fasse le sien, grâce à votre puissant appui.

Permettez-moi d'adresser en terminant mon salut cordial à la presse, à quelque parti qu'elle appartienne, toujours nous l'avons trouvée prête à seconder nos efforts. Qu'il s'agisse de fêtes de bienfaisance, de souscriptions pour les désastres ou d'encouragements pour nos Sociétés, sans marchander elle met sa puissante voix au service des nobles causes. Vous en savez quelque chose, Monsieur le Ministre, puisque vous êtes de la corporation, Messieurs, je lève mon verre à M. Barthou, journaliste, à M. Barthou, ministre; je bois enfin à la Presse, qui vulgarisera demain notre grande œuvre de solidarité. (*Applaudissements répétés.*)

Discours de M. Barthou

MINISTRE DE L'INTÉRIEUR

M. Barthou, ministre de l'Intérieur, prononce alors cet important et éloquent discours.

Messieurs,

L'honneur que vous m'avez fait, en m'appelant à présider ce soir le banquet de la Mutualité, comptera parmi les plus précieux souvenirs que m'ait valus ma fonction ministérielle, et mes premières paroles doivent être pour vous adresser l'expression cordiale de mes remerciements.

Si j'ajoute que, depuis plus d'un an, je n'ai négligé aucune occasion de me mettre en contact avec vous et que j'ai consacré plus d'une après-midi dominicale aux devoirs laïques de la Mutualité, c'est moins, soyez-en bien sûrs, pour m'imposer à votre reconnaissance que pour dire l'impression réconfortante que j'ai rapportée de ces réunions. (*Applaudissements*).

Les services et les progrès de la Mutualité, s'ils n'ont pas été pour moi tout à fait une surprise, me sont du moins apparus sous leur véritable caractère et dans toute leur plénitude. Je sais peu d'efforts qui honorent à un si haut degré notre siècle et notre pays. (*Nouveaux applaudissements*).

J'ai admiré partout, dans vos réunions solennelles ou familières, la tenue de vos délibérations, la probité de vos administrateurs, votre désintéressement et votre discipline, ce large esprit de fraternité sociale et de solidarité républicaine qui rapproche et unit, dans une même conception du devoir social, vos membres participants et vos membres honoraires. (*Vive adhésion et applaudissements*).

Et je suis, ce soir, très heureux et très fier de venir apporter à 10,000 Sociétés répandues sur tout le territoire, le témoignage de sympathie, de reconnaissance et de dévouement du gouvernement de la République dont elles secondent si utilement et si noblement les aspirations et les devoirs. (*Applaudissements unanimes*).

Quoi qu'on en ait dit, Messieurs, cet hommage sincère est l'unique cause, l'unique objet de ma présence au milieu de vous. Certains journaux, plus prompts peut-être à critiquer les intentions qu'à juger impartialement les actes, m'ont accusé a l'avance de vouloir confisquer cette réunion au bénéfice de la politique ministérielle : je n'ai ni d'aussi noirs, ni d'aussi sots desseins. (*Rires et applaudissements*).

M. le président du conseil disait, il y a quelques jours, avec la haute autorité de sa situation et de son caractère, que la Mutualité n'est la propriété d'aucun parti. (*Assentiment général*). Je plaindrai, pour ma part, le parti politique qui prétendrait s'en attribuer le monopole : vous ne tarderiez pas à lui démontrer la vanité d'une aussi périlleuse illusion. (*Très bien ! très bien !*)

La Mutualité, il faut le dire bien haut, est la commune doctrine et aussi l'espérance commune de tous ceux qui ont foi, pour la solution des problèmes sociaux, dans l'initiative individuelle et dans l'association libre. (*C'est cela ! très bien ! vifs applaudissements*).

Elle est, par excellence, la forme pacifique de l'évolution sociale. A ce titre, elle rentre dans le patrimoine et dans les traditions du parti républicain, de tout le parti républicain, et elle ne rencontre comme adversaires que les apôtres de la force et de la révolution sociale. (*Assentiment général et applaudissements unanimes*).

Peut-être avez-vous gardé le souvenir de l'hostilité dédaigneuse qu'ils manifestèrent contre elle à l'occasion de la première délibération devant la Chambre, de cette loi qui, je l'espère, — et je m'y emploierai de mon mieux, — est à la veille d'aboutir. Vous avez eu raison de n'en éprouver ni émotion ni surprise. Vous n'avez rien de commun avec ceux qui vous attaquent, ni avec la méthode qu'ils emploient, ni avec le but qu'ils poursuivent.

— Mais vous attestez par vos services que les négations, si nécessaires soient-elles parfois, ne sont pas des solutions. Permettez, Messieurs, à un membre du gouvernement et au gouvernement tout entier de s'associer aux sentiments qui vous animent. (*Applaudissements et bravos*). Parce que nous refusons d'abdiquer devant une doctrine qui, si elle n'était pas la plus décevante des utopies, n'aurait d'autre résultat, sous prétexte de transformer le monde, que de niveler toutes les volontés dans le même servilisme au gré d'une oligarchie de fonctionnaires irresponsables. (*Adhésion unanime et applaudissements répétés*).

Parce que nous nous refusons à lui faire le sacrifice de toutes nos libertés et de notre dignité même, nous ne pouvons pas admettre qu'on dise que nous nous endormons dans une satisfaction volontairement impuissante, que nous méconnaissons les inégalités de la vie, les injustices sociales et l'âpreté douloureuse de la misère humaine.

Nous en avons conscience, Messieurs, et nous savons quels devoirs la situation nous impose. La vérité, selon le mot de M. Jules Simon, c'est que jamais on n'a tant fait et que jamais, en même temps, on n'a mieux compris ce qui reste à faire. (*Très bien ! et applaudissements*).

L'œuvre même de la République, l'œuvre politique et sociale qu'elle a poursuivie à travers toutes les difficultés, à travers les combats incessants livrés pour l'existence, n'est-elle pas, pour tous les hommes de bonne foi, la meilleure et la plus décisive réponse à une propagande sans scrupules ? N'est-ce rien, comme le rappelait tout à l'heure mon ami Audiffred, que d'avoir assis sur des bases inébranlables l'œuvre de l'éducation nationale, réorganisé et fortifié l'armée, centuplé l'outillage économique du pays ; n'est-ce rien que d'avoir, par des lois animées du plus large esprit démocratique, abordé les redoutables problèmes que posent dans l'organisation industrielle, le travail, les femmes et les enfants, les accidents, l'hygiène et la sécurité des ateliers, les associations syndicales et professionnelles ?

Pour accomplir ce qui reste à faire, le gouvernement fait appel aux Sociétés de Secours Mutuels, il met en elles leur confiance, non pas pour se dérober à ses dèvoirs mais pour avoir la certitude de les mieux remplir. La vérité du progrès social consiste à nos yeux dans le concours à la fois moral et financier largement accordé par l'Etat aux efforts combinés de l'initiative individuelle et de la libre association. (*Applaudissements*).

A défaut d'une formule magique qui puisse transformer le monde nous ne connaissons pas d'autre moyen d'en améliorer les misères et d'en atténuer les inégalités.

Vous pouvez beaucoup pour ce résultat. Votre œuvre, modeste à ses débuts, grandit et s'élargit tous les jours et, véritablement, si j'éprouve quelque embarras pour parler après M. Audiffred des services rendus par vous, cet embarras s'accroît de la présence, dans cette réunion, de tant d'hommes de bien, de tant de citoyens dévoués qui ont consacré leur vie à la formation et au progrès de la Mutualité, M. Martin-Ginouvier rendait, il y a quelques instants, aux représentants des Sociétés de province le légitime témoignage auquel ils ont droit. Je m'y associe simplement, mais sincèrement au nom du gouvernement de la République. (*Applaudissements*).

J'adresse aussi mes remerciements personnels pour le grand honneur qu'ils m'ont fait, en m'entourant ici, aux membres si nombreux, du Sénat et de la Chambre qui, tous, sont des fervents de la cause mutualiste.

Ils me permettront de signaler plus particulièrement M. le sénateur Lourties dont le nom et les travaux doivent toujours être invoqués dans une réunion comme celle-ci (*Applaudissements*) ; M. Prevet et M. Siegfried, président de la commission de prévoyance à la Chambre ; M. Cuvinot, le rapporteur si actif et si éloquent de la loi devant le Sénat ; M. Maze, qui suit avec tant d'ardeur des traditions illustres et dont le nom évoque les plus éclatants services. (*Applaudissements*). Puis-je ne pas saluer enfin mon ami Audiffred dont vous avez applaudi tout à l'heure le discours si substantiel, si complet, de si utile propagande ; M. Audiffred qui s'est dévoué, depuis de si longues années, à la cause de la Mutualité et aux questions ouvrières, qui est toujours à la peine et qui se dérobe à l'honneur mais dont la loi votée demain, je l'espère, consacrera les efforts et méritera de porter le nom ? (*Vifs applaudissements*).

Si devant de tels hommes, mes conseils sont inutiles, je me demande ce que peuvent valoir mes éloges auprès des statistiques du ministère de l'Intérieur, dont je le dis bien haut pour dissiper des appréhensions injustifiées, la Mutualité doit rester la plus chère et la plus inaliénable prérogative. (*Bravos*).

Le nombre des Sociétés de Secours Mutuels s'élevait, en décembre 1894, au chiffre de 10.328, comprenant plus d'un million et demi de membres. Je relève parmi eux 236.000 membres honoraires, auxquels vous ne serez pas surpris que je rende le témoignage public de votre estime pour la générosité et l'esprit de sacrifice dont ils sont animés. Quand on demande qu'ils soient exclus de vos conseils d'administration, ne comprend-on pas que ce serait le meilleur moyen de porter à la fois atteinte à la liberté et à l'existence des Sociétés de Secours Mutuels ? (*Approbation générale*).

236.000 femmes font partie de vos sociétés. Permettez-moi de leur adresser ici un hommage et un encouragement. Elles donnent l'exemple de l'économie et de la persévérance ; elles ont droit à la sollicitude et à la reconnaissance du Parlement. Et vous savez tous, Messieurs, que la loi projette de marquer un nouveau pas dans une émancipation nécessaire... (*Vifs applaudissements*).

Il est enfin un dernier élément que je dois relever, c'est celui de 40,000 enfants qui se sont constitués en Sociétés. Mais ici, je le dis avec une entière franchise, j'enregistre beaucoup moins ce chiffre comme un résultat que comme une espérance, car j'estime que l'avenir de la Mutualité, je dis plus, que l'avenir, la solidarité dans notre pays réside dans le développement de la mutualité scolaire. Il faut, en même temps que l'enfant grandit, que grandissent aussi avec lui les qualités d'économie et de prévoyance. Quand il aura fait partie, tout jeune, d'une société de Secours Mutuels, il se trouvera, dans un âge mûr, garanti contre les accidents et la maladie ; il se sera acquis la sécurité dans le travail.

Il aura appris ce que valent les sentiments d'indépendance et de dignité. Et enfin la mutualité scolaire aidera dans une large mesure à la constitution de ces caisses de retraite pour la vieillesse, auxquelles vous tous êtes si fermement attachés.

La caisse de secours du 18e arrondissement, fondée en 1881, compte aujourd'hui plus de 2,000 enfants adhérents et 180,000 francs de capital.

Le gouvernement de la République compte, pour suivre cet exemple, sur le concours, auquel il est habitué, des instituteurs dans le pays tout entier. (*Très bien ! très bien !*)

M. Audiffred m'a remis une requête qu'il avait adressée autrefois à mon ami, M. Poincaré, ministre de l'Instruction publique, et qu'il me demande de transmettre aujourd'hui à M. Rambaud. Soyez sûrs que j'apostillerai cette requête d'une bonne recommandation ministérielle, et que je serai aussi acharné solliciteur qu'un sénateur ou un député. (*Applaudissements et rires*). La cause est bonne : je la ferai triompher.

J'ajoute, en terminant, que les Sociétés de Secours Mutuels, dont l'avoir social s'élève à plus de 230 millions, doivent aider le gouvernement de la République à résoudre ce problème auquel je faisais allusion tout à l'heure, de la constitution de caisses de retraites pour la vieillesse, posé devant la démocratie républicaine et qu'elle aura la ferme volonté de mener à bonne fin.

Elles ont déjà beaucoup fait dans ce sens. En 1896 — c'est le chiffre le plus récent, — le chiffre total du fonds de retraites s'élevait à 121 millions dont 51 millions aux fonds disponibles, 70 millions assuraient le service de 38,625 pensions montant ensemble en rentes à 2,680,856 francs. (*Très bien ! très bien !*)

Certes, Messieurs, c'est là un résultat et je comprends les murmures approbateurs qui viennent de l'accueillir : mais pour les Sociétés de Secours Mutuels surtout, le mieux n'est pas l'ennemi du bien, et il reste encore dans cette voie presque tout à faire.

On peut le dire, Messieurs, sans froisser aucune opinion, et sans introduire dans ce banquet la politique, qui en est exclue, la tendance de notre démocratie républicaine est de plus en plus de préférer aux questions politiques l'examen et la solution des questions sociales. (*Assentiment général et applaudissements*).

Ces questions deviennent de plus en plus la préoccupation dominante des pouvoirs publics et du Parlement.

Déjà, par les conquêtes de 1789 et par celles de 1848, nous avons, au point de vue de la liberté et de l'égalité, réaliser les deux premiers principes de la devise de la Révolution. Nous devons aborder résolument la troisième, et nous attacher avec esprit de suite et de persévérance aux problèmes de la fraternité.

L'effort qu'il faut tenter n'est au-dessus ni de la volonté, ni du courage, ni du patrioştisme de notre pays. (*Applaudissements.*)

Ayons foi, Messieurs, dans l'esprit de solidarité qui s'affirme chaque jour davantage, qui fait chaque jour de nouvelles conquêtes et qui rapproche tous les hommes dans la réciprocité d'un même devoir social.

Ayons foi aussi, ayons foi surtout dans l'esprit de prévoyance qui est la force vitale de la nation française. Songez, Messieurs, qu'en 1894 les cotisations versées par les membres participants des Sociétés de Secours Mutuels se sont élevées à plus de 22 millions. (*Applaudissements répétés*). Il faut que ce chiffre soit connu et qu'il porte au dehors toute sa signification et toute sa moralité. Plus de 22 millions, prélevés, sou par sou, sur l'épargne à travers les difficultés et les misères de l'existence ! Plus de 22 millions ! Quelle réponse aux déclamations !

Quelle occasion, au lieu de nous dénigrer nous-mêmes, de nous rendre enfin justice ! Et aussi quel meilleur, quel plus fort, quel plus décisif témoignage de l'activité, de l'application au travail, de la probité de notre pays ! (*Applaudissements et bravos répétés*).

Il y a quelques jours, Messieurs, après le Congrès de Saintes, auquel il avait tenu à assister, M. le Président de la République, dans un discours qui a eu un si légitime retentissement, prononçait des paroles qu'il faut rappeler ce soir.

Il disait : « Votre exemple est précieux, il portera sa large moisson en montrant à la France républicaine tout ce qu'il y a de fécond dans le groupement des forces de ses enfants ? » (*Applaudissements et bravos*).

Je ne veux rien ajouter, pour ne pas l'affaiblir, à l'expression de cette noble pensée.

Et je lève mon verre au progrès de la solidarité sociale par le développement de la Mutualité. (*Vive adhésion, acclamations et applaudissements prolongés*).

Le Ministre a remis ensuite, séance tenante, la croix de chevalier de la Légion d'honneur à M. Catelain, président, depuis 1866, de la Société de Secours Mutuels « l'Etoile » (garçons limonadiers et de restaurant), et la rosette d'officier de l'Instruction publique à M. Bartaumieux, architecte-expert, président de la Société « le Bâtiment. »

Le Palais de la Mutualité [1]

> Ce palais sera le premier ex-voto de la démocratie française à la mutualité, sur lequel on pourra graver ces mots : « Ici on vit et on pense pour autrui. »

En juin 1895, au banquet de l'*Émigration Creusoise*, en parlant du palais de la Mutualité, je disais :

« Il s'agit de construire, au cœur de Paris, le palais des Sociétés de Secours Mutuels, afin de centraliser tous les rameaux de ce grand arbre de liberté et d'humanité qui se nomme la Mutualité.

« En dehors des avantages qui résulteraient de cette installation parfaite, pour toutes ces petites organisations éparses dans les artères de notre beau Paris, il y aurait une sérieuse économie au point de vue budgétaire : propriétaire de cet immeuble, nos sociétés n'auraient plus de loyer à payer.

« Il y aurait aussi une économie non moins réelle dans la centralisation des services d'encaissement des cotisations; d'où régularité dans le paiement des quittances autant pour la société que pour les adhérents, partant moins de négligence de part et d'autre, moins de retard, moins de radiations par suite de non-paiement.

« Chaque Société, en dehors de ces avantages multiples d'organisation intérieure, trouverait, dans cette grande ruche mutuelle, des salles de conférences, une bibliothèque où figure-

(1) Cet article a paru dans la *Revue Philanthropique* du 10 avril 1899. Il fut dédié à M. Léon Bourgeois, qui, dans tous les actes de sa vie politique, s'est montré l'ami des mutualistes et le défenseur de leurs principes; par la parole et par le livre.

raient tous les ouvrages qui intéressent les mutualistes, ainsi que toutes les revues et journaux qui traitent ces sujets.

« Cette ramification, concentrée dans un même local, serait un lien, non seulement entre les sociétés de Paris, mais aussi pour les sociétés de province, qui trouveraient dans ce musée des Associations parisiennes les renseignements nécessaires à leur bonne gestion.

« Ne serait-ce pas beau de contempler, en plein Paris, ce palais symbolique de la vraie solidarité humaine ?

« Que faut-il pour mettre ce projet en exécution ? Un terrain d'abord, des matériaux et des bras ensuite, alimentés par cet indispensable capital, qui, après l'intelligence, est le nerf de la guerre. »

Aujourd'hui plus que jamais je comprends la nécessité de ce centre d'action, puisque à cette heure nos forces sont émiettées.

Depuis cette époque, l'idée d'un palais de la démocratie laborieuse s'est fait jour dans les milieux mutualistes. On commence à saisir l'économie de ce projet de haute moralité sociale.

Il est certain que la création d'un palais de la Mutualité disposé selon les besoins des sociétés mutuelles, si nombreuses dans le département de la Seine seulement, rendrait à ces sociétés les services les plus précieux, car la difficulté pour elles d'avoir un siège stable et bien agencé nuit souvent à la régularité de leur fonctionnement, gêne leur recrutement et paralyse les efforts d'un grand nombre de mutualistes dévoués.

Beaucoup même, parmi les plus importantes, sont ignorées de plus de la moitié de la population parisienne, alors qu'en raison de leur rôle utilitaire elles devraient être connues de tous, uniquement parce que leur siège étroit et pauvre est, soit caché au fond de quelque cour, dans les rues populeuses à l'excès ou, au contraire, peu fréquentées, soit perché au quatrième ou cinquième étage, où personne ne s'avise de lever les yeux pour lire les enseignes.

Il est à considérer, de plus, qu'un bureau central de renseignements pourrait être établi là d'où partiraient des indications étudiées et mûries pour une impulsion nouvelle ou pour une direction uniforme qui relierait entre eux les deux ou trois millions de mutualistes français répartis tant dans les sociétés de secours que dans celles, — et elles sont nombreuses et importantes, — qui bornent leur action à la retraite.

Cet appel que je formulai en 1895 et que j'ai renouvelé chaque fois que l'occasion s'est présentée (1) sans me décourager, mérite l'attention de tous les mutualistes.

Du reste ce n'est qu'en frappant toujours sur le même clou qu'on arrive à l'enfoncer. Nous arriverons, soyez certains, à le river dans le cœur et l'esprit de tous les solidaristes, si nous savons les intéresser à cette belle œuvre de haute moralité sociale.

D'abord faisons comprendre à chacun qu'en nous groupant tous en un faisceau d'union, chacun de nous ne perdra pas un atome de son indépendance, mais triplera sa force morale, et toutes nos associations réaliseront non seulement une économie considérable mais relèveront leur prestige moral.

Donc, à notre projet, personne ne perdra rien, et tout le monde gagnera quelque chose. Ce qu'il faut avant tout c'est rapprocher, grouper, réunir tous les mutualistes et les sociétés elles-mêmes, leurs bureaux, leurs présidents, leurs agents, c'est-à-dire les hommes ou les femmes de cœur qui en sont la personnification vivante.

Dans notre siècle où tout tend à se syndiquer, parce qu'on s'est aperçu que l'association de toutes les bonnes volontés peut seule créer un courant irrésistible, il serait extraordinaire que nous n'arrivions pas à faire vivre côte à côte les sociétés éparses qui composent la grande armée mutualiste !

Examinons nos budgets, et nous comprendrons de suite la nécessité du palais de la Mutualité.

Que dire des frais généraux de nos associations ? Je pourrais citer un grand nombre de petites mutualité très intéressantes,

(1) Lire mon discours du 27 mai 1897 au dîner des Mutualistes. (*Solidariste* de juin 1897).

très utiles, mais qui absorbent le tiers de leurs recettes en frais d'administration ou de loyer.

Remarquez que je déplore ces dépenses sans les critiquer, puisqu'en l'état actuel de nos organisations isolées, elles ne peuvent faire autrement. A cette heure les sociétés de secours mutuels sont toutes mal logées, et l'addition de leurs loyers représente un chiffre fabuleux : plusieurs centaines de mille francs !

Que d'économies à réaliser, — ô sages de la mutualité qui prêchez l'économie ! — en groupant tous les services qu'on pourrait faire en commun.

Pour l'instant, il est vrai que chaque association a son siège social privé. Celle-ci est au nord, celle-là est au midi de Paris ; l'une ouvre son bureau le matin, l'autre le soir.

Quelle différence si sous un même toit les bureaux sont ouverts du matin au soir.

Disons-le tout de suite, notre création rêvée a quelque chose d'analogue à la *Bourse du Travail*. Dans la maison commune de la mutualité, chaque association aurait son bureau et, suivant ses besoins, son agent, mais tous les services qui pourraient être mis en commun seraient centralisés.

La caisse centrale, par exemple, recevrait tous les mois les bordereaux de chaque association et les ferait encaisser par ses brigades de receveurs dans la première huitaine du mois.

La bibliothèque et les archives du mouvement mutualiste serviraient à toutes les associations.

Des salles d'escrime, d'hydrothérapie pourraient y être installées à côté des consultations du corps médical.

De grandes et de petites salles de conférences, de cours, seraient confortablement installées, chaque association au lieu de convoquer à grands frais ses adhérents tantôt ici, tantôt là, les recevrait désormais dans ses meubles, sans dépenser un centime.

Encore une fois, examinez le budget de chaque société qui fonctionne à Paris, cherchez-y la somme que chacune d'elles est obligée de dépenser pour son loyer, son chauffage, son éclairage, ses frais de bureau, ses assemblées générales, son secrétariat, sa perception, et vous vous convaincrez bien vite qu'en adoptant la création d'un palais commun, on pourrait à beaucoup moins de frais créer l'organisation centrale à la fois grandiose et pratique que je préconise et qui, je l'espère, sera demain la réalité.

Aujourd'hui les défenseurs de cette entreprise font appel, pour nous aider, à toutes les bonnes volontés ; ils font appel aux âmes généreuses.

Et ils vous disent, il faut construire le *Palais de la Mutualité*, dans lequel les administrateurs, les bienfaiteurs de toutes les œuvres mutualistes se réuniront, non seulement pour effectuer leurs concerts, leurs bals, ou pour organiser des conférences et des congrès, mais encore pour travailler chacun au fonctionnement journalier de leur œuvre particulière.

Il faut, disons-nous, que tous les mutualistes dirigeants qui, sous des formes différentes, poursuivent le même but, se voient, se coudoient, se connaissent beaucoup mieux, se communiquent leurs idées, leurs procédés, leurs renseignements, leurs expériences, de façon à pratiquer de mieux en mieux la science et la méthode de la solidarité.

L'œuvre telle que nous la concevons est grande, elle mérite d'être envisagée par ceux qui veulent le triomphe de la bonne cause populaire ; pour la réaliser nous demandons un terrain à la Ville de Paris, et douze apôtres de la mutualité capables de faire un don de 50.000 francs chacun.

Il serait beau, après tout, que grâce à cette source féconde et pure de tout agiotage, sans frais d'émission publique, nous puissions par la solidarité sincère des riches envers les pauvres arriver à ce beau résultat.

Nous appelons au secours de notre idée pratique douze ou vingt-quatre dévôts de nos principes, heureux de graver pour la postérité leur nom dans le granit des colonnes de ce monument humanitaire.

C'est ainsi qu'ont agi nos pères lorsqu'ils ont couvert la France de ces merveilleuses cathédrales qui font encore notre admiration.

Eh bien, nous, Français, héritiers de ces hommes de foi, apportons chacun notre pierre à la construction de la cathédrale de la Mutualité.

Rien n'est impossible, il suffit de vouloir.

Ai-je besoin de faire une fois encore l'éloge de la Mutualité ?

N'est-elle pas, après tout, avec sa vigilante solidarité, la deuxième famille que nous nous créons par raison et prévoyance? Oui, n'oublions pas de dire surtout qu'elle devient notre seconde famille d'adoption, puisque la première par la force des choses n'est plus concentrée comme jadis autour du clocher, mais dispersée, grâce à la locomotion facile, aux quatre coins de la France selon les besoins et les goûts de chacun.

Combien à Paris comptez-vous de gens isolés qui, au fond, se laissent aller à toutes les sinistres pensées faute d'avoir trouvé un lien, des conseils qui vous trempent pour les luttes de la vie!

Le déracinement des familles exige donc plus que jamais l'union des cœurs, par la constitution de ces familles nouvelles que l'on nomme la mutualité, où ceux-là même qui en nient les bienfaits viendront un jour chercher un refuge avec tous ceux qui sont assiégés à certaines heures par la maladie, par la misère, par les épreuves et les difficultés de l'existence moderne, souvent si lourde et si malaisée.

Car la mutualité a un cœur généreux, compatissant pour l'homme prévoyant qui pense, qui travaille, qui souffre. Par elle, par elle seule, entendez-vous bien, nous relèverons la situation morale et matérielle de l'humanité, nous contribuerons à rendre plus général un mouvement qui, malgré toutes les dénégations intéressées, reste l'honneur de notre démocratie.

La mutualité est un grand moyen d'apaisement et de conciliation, ses idées de solidarité ne peuvent que faire pénétrer dans les masses la sérénité, sûr garant de la paix sociale.

Or, il découle que la question sociale est une question morale, parce qu'elle assure le règne de la justice et de l'équité au sein de la patrie.

Disons-le bien haut pour que tout le monde l'entende, en Angleterre les *Friendly societies* groupent 8 à 9 millions d'individus ; en Allemagne les offices d'assurances en comprennent plus de 18 millions ; aux Etats-Unis, pour la seule assurance en cas de décès, 3.478.100 adhérents ont déjà réalisé des assurances en capitaux dépassant 35.975 millions de francs.

Ces chiffres sont à retenir, leur éloquence n'échappera à personne. Maintenant gardons-nous d'en conclure que chez nous l'esprit de prévoyance est en baisse.

Si, numériquement parlant, nos mutualités sont inférieures aux mutualités étrangères, il ne s'ensuit pas, comme nous le faisait observer dernièrement M. le président Loubet (1) avec beaucoup d'à-propos et de finesse, que l'esprit de prévoyance nous fait défaut. C'est le contraire, car la prévoyance est une vertu innée chez le Français.

C'est cette prévoyance de tous les instants qui fait la richesse de notre crédit, c'est elle qui gonfle le petit bas de laine que l'on trouve aussi bien dans les mansardes des grandes villes que dans les humbles chaumières de nos villages.

Ce qu'il faut aujourd'hui, c'est canaliser cet esprit de prévoyance et de solidarité, c'est à quoi nous voulons travailler.

Or, j'estime que lorsque un corps social compte 1.600.000 membres actifs (2), 250.000 honoraires, quand il a en réserve

(1) Réception des membres du Comité du monument de Piarron de Chamousset, par M. le Président de la République, le 15 mars 1899, au Palais de l'Elysée.

(2) Rappelons seulement (d'après les chiffres fournis par M. Léopold Mabilleau dans le *Matin* du 7 août) qu'au 31 décembre 1891, on comptait 9.144 sociétés, 1.474.285 sociétaires, 183.587.450 francs de capital et 30 610.796 francs de recettes.

Dix ans après, au 31 décembre 1901, le rapport officiel dénonce 14.874 sociétés, 2.718.002 sociétaires, 888 881.355 francs de capital et 49.437.904 francs de recettes.

Au 1er juillet 1904, le nombre des sociétés dépasse 18.500, celui des membres 3.700.000 ; l'avoir est de 850 millions, les recettes de 54 millions.

Dans l'espace d'un seul mois — avril 1904 — 117 sociétés nouvelles se sont créées.

Mais cette sèche nomenclature, pour significative qu'elle soit, ne donne qu'une idée

un capital supérieur à 150 millions, il a le droit de revendiquer sa place au soleil de la liberté et de réclamer sa participation dans l'établissement du règne de la paix sociale.

Le palais que mes amis et moi rêvons, la maison commune que nous voudrions voir édifier dès le début du nouveau siècle, doit être dans notre pensée le sanctuaire de la fraternité, de la solidarité humaine, qui adoucit les rapports entre les hommes, qui apaise les dissentiments, les violences, les haines, qui nous rapproche tout en faisant battre le cœur d'un grand peuple de la même passion généreuse.

Oui, empressons-nous de bâtir ce temple de la fraternité ; de ce grand et robuste chêne naîtront de nombreuses radicelles qui iront dans la belle et fertile terre de France faire entendre aux centaines de mille de réfractaires du solidarisme des paroles de concorde, de mutualité et de solidarité prévoyante.

F. Martin-Ginouvier.

imparfaite du progrès de l'œuvre, où paraissent se concentrer et se résumer de plus en plus les efforts du travailleur français, soucieux de bien-être et de sécurité.

Le fait capital de cette dernière période est l'unification de la mutualité, ou plutôt son *organisation*, par la création d'une hiérarchie d'organes correspondant à une hiérarchie de fonctions. « Un tas de pierres n'est pas un être ». Dix-huit mille sociétés ne forment pas une institution.

Dans presque tous les départements du territoire, nos associations se sont groupées et ont coordonné leurs services, réservant les fonctions supérieures — celles qui réclament l'étendue du nombre et des ressources — pour l'Union départementale, autorisée, conseillée par la loi : dispensaires, pharmacies, caisses de réassurance pour les longues maladies, caisses de retraite, comités d'arbitrage et de consultation, etc.

Au nord, au midi, à l'est, à l'ouest, au centre, partout où la région offre une particularité notable, une analogie de vie et d'habitudes, de besoins et de ressources, suffisante pour déterminer une communauté d'intérêts spéciaux, un groupement régional s'est constitué. Et tous ces groupements, départementaux ou régionaux, se sont fondus en une Fédération nationale, qui, née il y a deux ans, sous la pression des événements vient d'être ratifiée par les délégués de toutes les sociétés de secours mutuels réunies au congrès de Nantes.

Propositions de M. Prevet

En 1895 dans un article omnibus qui a couru à cette date toutes les rédactions, et que notre impartialité d'historiens nous fait un devoir d'analyser, parce qu'il traduit l'état d'âme de la mutualité de cette époque ; l'honorable sénateur M. Prevet s'efforçait de mettre en relief les deux courants qui se combattaient alors au sein de la mutualité. Théoriens en face des hommes d'actions, c'est à dire, *la Ligue de la Prévoyance de la Mutualité* combattant *le Comité permanent*. Nous vîmes alors de singulières manœuvres et de piètres calculs, dans ce milieu de solidarité fraternelle (1). Mais l'imminente justice à tou-

(1). En août 1899, dans la *Revue philanthropique*, sous ce titre : *M. Léon Bourgeois et la Mutualité*, nous écrivions :

« Dans sa vaste organisation, selon nous, le *Palais de la Mutualité* doit, être non seulement un centre d'action, mais avant tout un centre d'union.

« C'est là, à notre humble avis, le complément logique du Conseil supérieur : c'est dans cette sphère que nos élus doivent venir respirer l'ambiance de nos revendications.

« Voulez-vous bien me dire, à cette heure où réside la volonté de la collectivité mutualiste ?

« En dehors du ministère de l'Intérieur où pontifie un fonctionnaire pas toujours très diplomate, qui se fait aussi bourru avec ses adversaires, que loquace et large de distinction envers ses créatures, elle n'a, que je sache, pas même une pierre pour reposer sa tête.

« En revanche, il est vrai que, grâce à M. Barberet, la Mutualité française, a plusieurs chapelles qui se déchirent à belles dents, oubliant les intérêts supérieurs de la cause commune pour ne s'occuper que des ambitions mesquines de certaines personnalités.

« Dans ce milieu, tous les insectes de la convoitise chuchotent, bourdonnant aux oreilles des novices des symphonies de la calomnie rageuse ; ils ne s'attaquent lâchement et bassement qu'à ceux qui s'élèvent par les hardiesses de leurs conceptions, c'est le pain bénit de ces âmes fielleuses. Devant cet aréopage de jaloux, seules les tête de pavot peuvent grandir, à condition qu'elles soient vide. Sans quoi tous les roquets teigneux de ces cara-

jours raison, elle arrive à son heure, pour éclaircir de son flambeau tous les recoins ténébreux.

C'est alors, qu'ému de cette division, nous essayâmes de faire l'Union en fondant le *Dîner des Mutualistes.*

Deux dîners (1), eurent lieu, mais en face de leur succès, les deux camps voulurent reprendre leur position et organisèrent à leur tour, chacun un banquet ; de ce chef l'union que nous avions rêvée, et qui ne faisait pas l'affaire de certaines personnalités ombrageuses, sombra.

Espérons aujourd'hui, que la *Fédération Nationale Mutualiste française,* que préside le sympathique et éloquent M. Mabilleau, arrivera toujours à faire l'union et la paix, dans l'armée des Mutualistes de France : puisque la Mutualités developpée, vulgarisée sous toutes ses formes, est la consolidation de l'ordre social.

Après cette digression nécessaire, il nous faut revenir à l'interview de M. Charles Prevet, qui profitant de la fermeture de la Bourse du Travail, suggéra au Ministre de l'Intérieur de cette époque M. Charles Dupuy, si je ne me trompe, l'idée d'accorder ces locaux « aux Syndicats de paix », puisque les « Syndicats de guerre » avaient provoqué la fermeture de cette ruche prolétarienne par de vaines agitations.

vansérails jappent derrière les pas des terre-neuve. Malheureusement, ces différents camps fractionnés à l'infini, en divisions multiples, en coteries agressives, finissent par ne plus avoir aucun lien entre eux que l'analogie de leur tâche au détriment de la cause commune.

« Je voudrais avoir le loisir de vous en peindre quelques figures, les unes de première valeur, les autres plutôt singulières, par ois dangereuses, encombrantes de leur moi haïssable. Leur diversité suffirait à vous édifier sur les esprits différents qui soufflent dans ces milieux mutualistes et qui ne lui ont pas permis de devenir encore, une troupe d'ensemble disciplinée sous l'égide du vrai *solidarisme.*

« L'union est nécessaire à toute chose qui veut vivre de la vie normale, un rayon de chaleur, une calorie de fraternité ne peut sortir que d'un grand centre où l'ambiance est faite d'amour ; voilà pourquoi nous demandons, depuis des années, la création de cette serre chaude, d'où émaneront les salutaires effluves, en faveur des théories qui trouveront leur milieu dans le *Palais de la Mutualité.* »

(1). Le premier sous la présidence de M. Barthou, le 27 Mai 1897. Le second sous la présidence de M. Lebon, le 17 Décembre 1897.

Voici l'article en question :

M. Prévet, sénateur de Seine-et-Marne, déposera à la rentrée une proposition de loi qui intéresse au plus haut point toutes les sociétés de secours mutuels.

Elle aura pour but de faire adopter, par le Parlement, une loi autorisant la création, partout où cela sera possible et utile, de locaux spéciaux, dits *Palais de la mutualité*, où tous les mutualistes d'une même région pourront se réunir et s'occuper de leurs intérêts. Pour Paris, M. Prevet proposera que la Bourse du Travail en ce moment inoccupée, devienne le Palais de la mutualité et, si nous sommes bien informés, il est en cela d'accord avec le Ministre de l'Intérieur.

Mais laissons à présent la parole à l'auteur de la proposition qui nous a fourni hier des indications très interessantes tant sur l'organisation des sociétés de secours mutuels que sur le but qu'il poursuit.

Chez M. Prevet

— Il importe tout d'abord, nous dit-il, de se rendre bien compte qu'il existe parmi les mutualistes, deux courants d'opinion très différents : l'un formé par les théoriciens, l'autre par les hommes d'action.

Les premiers ont fondé une ligue, dite de « la Prévoyance et de la Mutualité », composée d'hommes assurément très distingués. C'est M. Maze qui en avait toutefois pris l'initiative et son but, fort louable, était de donner aux sociétés de secours mutuels dont il avait été un propagandiste acharné et convaincu, un centre d'action destiné à propager, dans le pays, les idées de mutualité et à étudier les moyens pratiques d'arriver aux meilleurs résultats possibles.

Les actuaires

Mais il n'est pas téméraire de dire qu'aujourd'hui cette organisation a complètement dévié de son but et qu'elle est devenue purement et simplement le petit cénacle des hommes de science de la mutualité. Or, les mutualistes ont une peur terrible de ces hommes de science qui, en l'espèce, se nomment actuaires.

Ces actuaires, hommes distingués, je le répète, sont des théoriciens d'un ordre particulier. Ils s'occupent de statistiques compliquées et difficiles ; ils ne se contentent pas, pour baser leurs calculs, des actes de mortalité, ils prétendent établir des actes de morbidité et calculer ainsi, non seulement d'après les décès survenus, mais encore d'après ceux qui, théoriquement, devront survenir dans telles ou telles associations.

Ils ont dressé des règles de comptabilité extrêmement compliquées qu'ils voudraient imposer à toutes les sociétés. Ils les nomment des spécialisations de cotisation, c'est à dire que chaque cotisation qui est en moyenne de douze à vingt-quatre francs, serait, d'après eux, divisée en une part pour les retraites, une part pour les indemnités mortuaires, une part pour les secours de maladies, une part pour les soins médicaux, une autre pour les dépenses pharmaceutiques, etc., etc.

Or, autant est raisonnable, pour les mutualistes, de distinguer exactement la part afférente aux retraites et celle destinée aux secours, autant les subdivisions étendues à l'infini réclamées par les actuaires deviendront une chinoiserie contre laquelle s'élèvent avec la dernière énergie les simples mutualistes.

Est-il possible de songer un instant à exiger de toutes les mutualités, dans leurs comptabilité, des caisses spéciales de retraites basées sur des statistiques savantes ?

Les mutualistes disent avec beaucoup de bon sens que si la théorie des actuaires était jamais imposée par le législateur, ce serait la mort immédiate de toutes les petites sociétés. Celles-ci, en effet, sont administrées par des gens qui leur apportent leur dévouement, leur concours de chaque jour. Ils présentent presque toujours des garanties d'honorabilité très grande, mais il est impossible de leur demander de faire, dans leur administration, de la comptabilité compliquée.

Il ne faut pas se dissimuler, d'ailleurs, que c'est à la disparition des sociétés de secours mutuels que tendent les actuaires. Ils ne se cachent pas pour réclamer le rattachement de toutes ces sociétés à la direction de la prévoyance sociale au ministère du commerce. Les théoriciens affirment que là les sociétés de secours mutuels seront défendues et protégées par des hommes d'une compétence spéciale qui sauront leur donner, sur leur organisation, leurs règlements intérieurs, leur comptabilité, des conseils précieux.

Mais les mutualistes, hommes d'initiative et de prévoyance, opposent la méfiance aux avantages qu'on leur fait valoir ; ils ont une peur extrême, instinctive de cet état-major de fonctionnaires dont l'idée maîtresse est de les absorber en les centralisant à outrance, et c'est précisément contre cette centralisation qu'ils s'élèvent.

D'ailleurs les hommes de science, avec tout leur savoir, arrivent souvent à l'absurde. En établissant leur table de morbidité, ils oublient que dans les sociétés de secours mutuels, il n'en va pas tout à fait ainsi que dans la vie humaine ordinaire où une mortalité moyenne peut à peu près se dégager. Les conditions d'âge, de vie, de maladies, sont souvent très différentes d'une société à l'autre. Comment, en de telles conditions, baser des calculs précis sur des probabilités aussi aléatoires ?

Les hommes d'action

L'opinion des hommes d'action, au contraire, est de croire que le grand bien que les sociétés de secours mutuels peuvent accomplir au point de vue de l'apaisement social, n'est possible qu'à la condition de laisser à toutes ces sociétés leurs conditions d'autonomie et la plus grande liberté.

Il faut laisser à chacune de ces sociétés cette idée qu'elle doit vivre de sa vie propre ; il faut que chacun de ses membres ne songe pas, après avoir versé sa cotisation, qu'il devient un rentier de l'État, car alors nous en arrivons fatalement au socialisme d'État, à l'État Providence prôné par les collectivistse et qui aurait, à mon avis, pour conséquence l'égoïsme des individus, car chacun songerait surtout aux obligations contractées vis-à-vis de lui et serait fort souvent tenté d'oublier ce qu'il doit aux autres.

On voit que les efforts des hommes d'actions tendent vers un but diamétralement opposé à celui des théoriciens. Au lieu de parler des droits de chaque mutualiste, ils développent au contraire l'esprit de solidarité et prêchent à ces mêmes mutualistes les devoirs qu'ils ont à l'égard des autres.

Pour qu'il y ait solidarité effective, il faut que les sociétés puissent se répartir et se diviser sur le territoire français comme elles l'entendent et qu'elles conservent le plus possible leur indépendance.

Les ouvriers ou employés d'un même commerce ou d'une même industrie comprendront beaucoup mieux le devoir et la nécessité de s'entr'aider les uns les autres qu'on ne leur fera accepter une solidarité beaucoup plus éloignée, moins tangible pour eux et qu'ils saisiront mal.

Le comité permanent

On comprend dès lors que le *comité permanent des mutualistes de France*, qui s'inspire de ces idées, se trouvent avoir qualité pour défendre les sociétés de secours mutuels contre l'envahissement des idées des théoriciens.

Entre autres propositions qui se sont fait jour au sein de ce comité, se trouve celle de M. Martin-Ginouvier qui demande la création d'un *Palais de la Mutualité*, c'est-à-dire d'une maison commune où tous les mutualistes se rencontreraient.

Car s'il faut laisser aux sociétés de secours mutuels la plus grande indépendance et la plus complète liberté d'allures, une maison commune pour plusieurs sociétés diminuerait dans une notable proportion leurs frais généraux d'administration.

Il y a aujourd'hui près de deux millions de mutualistes en

France ; on voit immédiatement l'économie qui pourrait être réalisée par l'établissement d'une même comptabilité, de frais généraux supportés en commun par un groupe de sociétés d'après des arrangements consentis entre elles.

Les médecins choisis pourraient être ainsi constamment à la disposition des mutualistes et des sociétés. Il est certain qu'une organisation ainsi comprise présenterait de nombreux avantages qui tous seraient au profit des adhérents, car les économies réalisées sur les frais généraux permettraient naturellement d'augmenter la quotité des secours.

Pénétré de cette idée, c'est alors que je me suis permis de suggérer au ministre de l'intérieur le projet de donner aux mutualistes l'ancienne Bourse du travail.

Bien entendu, l'administration examinerait à qui appartient l'immeuble, quelles sont les conditions administratives qu'il faudrait régler, mais il me semble qu'aucun meilleur usage ne saurait être fait de cet immeuble ; aucun ne répondrait mieux au but pour lequel il a été créé.

Ce sont des sentiments analogues qui ont dicté l'appel fait à la solidarité sociale pour la construction de ce monument qui devait fournir aux travailleurs la possibilité de se rencontrer, de s'assurer du travail en se réunissant au même lieu.

Or, les adhérents des sociétés de secours mutuels sont essentiellement des travailleurs ; leur but est un but de solidarité.

Pourquoi a-t-on fermé la Bourse du travail ? Parce que, nous dit en terminant M. Prévet, ceux qui en disposaient en avaient fait une sorte de citadelle d'où ils déclaraient la guerre à la société.

Ce serait revenir au point de départ que d'installer à la place des syndicats de guerre, les sociétés de secours mutuels que je me permettrai d'appeler les syndicats de paix.

PROPOSITION

Tendant à la création, à Paris, d'une Maison de la Mutualité à l'usage des sociétés mutuelles de la Seine et à son installation dans l'ancienne Faculté de médecine de la rue de la Bûcherie, restaurée à cet effet,

Présentée par M. E. Bussat, conseiller municipal

Messieurs,

Vous savez quel magnifique développement a pris en France, ces dernières années, le mouvement de la mutualité.

Combien nous sommes loin aujourd'hui des lois de 1850 qui en limitaient l'action à la distribution de secours temporaires aux sociétaires malades, blessés ou infirmes, ou au paiement des frais funéraires des adhérents décédés !

C'est qu'à mesure que l'instruction se développait, que le sentiment de la personnalité s'affirmait, le citoyen, conscient de sa valeur et de ses droits, exigeait du législateur le vote de ces lois bienfaisantes qui devaient aboutir à notre loi du 1er avril 1898 et, las de tout attendre ici de l'État, ne réclamaient de lui que le droit de s'unir, de se protéger et de se défendre.

Certes, Messieurs, le droit d'intervention de l'État est bien souvent en matière sociale plus qu'un droit, un devoir. L'individu isolé pourrait-il entreprendre avec succès ces efforts simultanés qui assureront la vulgarisation de l'enseignement, la réglementation du travail, l'institution d'établissements d'assistance, ces grands travaux publics qui répandent dans nos cités l'air et la lumière?

Peut-il user des pouvoirs de contrainte qui font plier, dans l'intérêt de la masse, les résistances inintelligentes et vides?

Dispose-t-il des moyens d'information qui, par la multiplicité des observations, vont permettre les généralisations fécondes?

Mais, en même temps, peut-on confier à l'État le soin de tout réglementer?

Faut-il que ses tendances envahissantes brisent les initiatives généreuses?

Peut-il, d'ailleurs matériellement tout faire, et même est-il intéressant qu'il fasse tout? N'est-il pas une limite qu'il ne saurait franchir sans porter atteinte à la liberté et ne peut-on concevoir, qu'au delà son action, d'utile, devienne stérilisante?

C'est précisément là que les mutualités sont heureuses : dorénavant, et sans sortir du vaste cadre que leur fixe la loi de 1898, elles assurent à leurs membres participants et à leurs familles des secours en cas de maladies et d'infirmités, elles leur constituent des pensions de retraite, contractent à leur profit des assurances individuelles ou collectives en cas de décès ou d'accidents; elles pourvoient aux frais des funérailles et allouent des secours aux ascendants, aux veufs, veuves ou orphelins des membres participants décédés.

Elles peuvent encore créer au profit de leurs membres des cours professionnels, des offices gratuits de placement et accorder des allocations en cas de chômage, à la condition qu'il soit pourvu à ces trois ordres de dépenses au moyen de cotisations ou de recettes spéciales.

Désormais la mutualité prend l'enfant à sa naissance, le suit à l'école par les mutualités scolaires, l'accompagne au régiment et le retrouve dans la vie civile pour l'aider et le soutenir sous les formes les plus diverses.

Qui ne voit combien ces tentatives doivent être encouragées, alors que précisément les enquêtes se multiplient, tant en France qu'à l'étranger, sur les conditions du travail et du chômage et que les municipalités, ainsi que je le rappelais récemment dans une proposition que le Conseil municipal a bien voulu adopter par une délibération en date du 14 décembre 1903, créent partout des caisses spéciales pour y parer.

Tous peuvent faire partie des sociétés mutuelles, le mineur, sans l'intervention de son tuteur, les femmes sans l'assistance de leur mari ; c'est ainsi au sein des familles une même émulation, et la femme triomphe d'une indépendance reconquise dont elle use pour le bien ; spirituelle et touchante réponse aux rigueurs naïves des rédacteurs du Code civil.

N'est-il pas d'actualité de montrer leurs efforts en matière de placement à l'heure même où les bureaux de placement étalent une fois de plus tous leurs abus ?

Et, tandis que les projets de retraites ouvrières s'accumulent au cours des législatures, les sociétés de secours mutuels n'apportent-elles pas à ce problème leur pratique et immédiat concours ?

Enfin faut-il rappeler cette œuvre excellente qui a nom « la Mutualité maternelle, » c'est-à-dire l'association mutuelle des mères pauvres et riches, qui a pris si heureusement une grande extension et résoudra peut-être le problème redoutable de la dépopulation ?

Vous savez aussi quel épouvantable fléau est la tuberculose. Maintes fois, la tribune du Conseil a accueilli les propositions les plus généreuses dans le but de combattre cette effroyable maladie, qui envahit nos hôpitaux et occupe 40 % des lits. Vous avez présents à l'esprit les travaux de MM. Brouardel, Grancher, Faisans, Nocard, Robin, Netter, et combien d'autres dont les noms sont autant d'espoirs.

Est-il surprenant dès lors que les sociétés de secours mutuels se soient préoccupées d'apporter à la lutte leur contribution ? N'est-ce pas d'ailleurs le docteur Calmette qui estimait « que la tuberculose entre pour un cinquième dans le total des frais de maladie répartis chaque année ? » (1).

(1) Les Sociétés de secours mutuels et la lutte contre la tuberculose, 28 mars 1903.

M. le docteur Calmette propose de constituer, pour y résister, une caisse régionale d'assurance contre la tuberculose qui serait alimentée par des cotisations de sociétés adhérentes, par des subventions des communes, des départements, de l'État et des dons et legs, et ceci nous amène à étudier les moyens de grouper les sociétés de secours mutuels.

C'est précisément sous cette forme que la Ville me semble devoir manifester son approbation à ces sociétés.

Déjà le département de la Seine a été incité à témoigner de l'intérêt qu'il leur porte et, sur la proposition de notre collègue M. Jousselin, le 17 décembre 1903, il renvoyait à l'Administration, avec avis favorable, un vœu accueillant le principe d'une subvention.

Mais, comme le faisait si justement remarquer M. Marcel Charlot en 1902, les sociétés mutuelles ne savent où se réunir, et sans l'obligeance de M. Mabilleau qui leur prêtait les salles du Musée social, peut-être seraient-elles tombées sous le coup de la loi qui réprime le vagabondage !

« Il me semble, disait-il, que nous commençons à être, nous autres mutualistes, vis-à-vis du Musée social, dans la même situation que ces gens à qui un maître de maison hospitalier a dit : « Faites-moi donc le plaisir de venir passer quelques jours chez moi » et qui se sont trouvés bien, si bien même qu'ils ne veulent plus s'en aller ; chaque fois que les membres des groupements mutualistes : simples sociétés, unions, fédérations, se réunissent à Paris sans la moindre hésitation, sans la moindre pudeur, ils descendent à l'hôtel Mabilleau. »

Et il ajoute : « Mais à ce compte, mes chers collègues, le Musée social sera bientôt plein et ne saura comment faire pour donner accueil à ses autres amis. Car il y en a d'autres que nous : les syndicats, les sociétés de crédit, les coopératives de production, de consommation, clientèle multiple et variée qu'il n'a pas le droit de négliger pour nous et de laisser dehors, sous peine de manquer à sa haute et belle mission sociale. »

Et l'éminent orateur terminait : « Mais hélas, la mutualité n'a pas de chez soi ! »

Posséder un domicile, se mettre dans ses meubles, quel rêve pour elle ! Messieurs, il faut que ce rêve devienne une réalité !

L'idée d'une maison de la mutualité n'est pas nouvelle. Des mutualistes éminents la préconisent depuis des années : j'en trouve trace dès 1895 dans les journaux et les discours des mutualistes. MM. Léon Bourgeois, Doumer, Congy, députés ; M. Barberet, directeur au ministère de l'Intérieur ; M. Mabilleau, M. Martin-Ginouvier, MM. Plez, Chatelus, Dugas et bien d'autres ont proposé ou défendu cette création. De nombreux collègues du Conseil municipal et du Conseil général, fervents mutualistes, se sont, en diverses circonstances, déclarés prêts à soutenir la proposition. L'État a même été sollicité, mais jusqu'ici aucune solution n'est intervenue.

Messieurs, je me suis efforcé de vous démontrer, à l'aide de ces témoignages si autorisés, la nécessité de la création d'une Maison de la mutualité. Le moment me semble venu d'aboutir.

La province nous a tracé la voie : Angers, Saintes, Lille, Lyon, Marseille, ont donné le bon exemple et possèdent, ou vont posséder des maisons de la mutualité ; le département de l'Hérault a voté 50.000 francs (1).

(1) A ce sujet, nous lisons dans l'*Echo du Midi* du 24 avril 1904. « Sait-on que le promoteur du *Palais de la Mutualité*, projet que M. Bussat vient de défendre éloquemment devant le Conseil municipal de Paris, est un Montpelliérain ? En effet, notre sympathique confrère, M. Martin-Ginouvier, est né en 1860 à Montpellier, à la porte de la Blanquerie, c'est sous ce pseudonyme littéraire qu'il a écrit une foule de jolies choses.

Dès 1895, M. Martin Ginouvier se faisait l'apôtre de cette idée, puis, en 1896, il publiait son discours en brochure sous ce titre : *le Palais de la Mutualité*.

Au VIe Congrès national de la Mutualité, tenu à Reims, M. Martin-Ginouvier colporte son projet.

Encore en 1899, au *dîner des Mutualistes*, qu'il avait organisé sous la présidence de M. Barthou, alors ministre de l'intérieur, il prenait de nouveau la défense de cette belle cause.

Enfin, à cette même époque, M. Léon Bourgeois répondait à la dédicace d'un article, sur ce sujet, paru dans la *Revue Philanthropique*, en écrivant à notre confrère la belle lettre suivante :

« MONSIEUR,

» J'ai été plusieurs fois absent de Paris et je n'ai pu répondre aussitôt que je le désirais à votre aimable communication. J'ai lu avec beaucoup d'intérêt votre article sur le *Palais*

Pour arriver à ce but, il m'a semblé que la procédure suivie pour la création de la Bourse du travail pouvait être reprise. Dans le rapport qu'il déposait à ce sujet, en 1886, au nom de la Commission du travail, M. Mesureur constatait que, sans cette création, l'existence des chambres syndicales serait toujours précaire : « Il importe donc quelles aient des locaux et des bureaux où chacun pourra venir sans crainte d'avoir à faire des sacrifices de temps et d'argent au-dessus de ses ressources ; la libre et permanente disposition des salles de réunion permettra aux travailleurs de discuter avec plus de maturité et de précision les questions multiples qui intéressent leur industrie et d'influer sur leurs salaires ; ils auront pour les guider et les éclairer tous les moyens d'information et de correspondance, les éléments fournis par la statistique, une bibliothèque économique, industrielle et commerciale, le mouvement de la production pour chaque industrie, non seulement en France, mais dans le monde entier. Peut-être verrons-nous alors les véritables assises du travail s'établir. »

Qui ne voit combien ces arguments ont ici de puissance et peuvent être invoqués pour obtenir la création de la Maison de la Mutualité ? Bien mieux, ne convient-il pas de retenir que la dépense que cette création pourrait entraîner pour les finances de la Ville est purement apparente ?

de la Mutualité, et je crois avec vous que le groupement sur un même point des services aujourd'hui éparpillés des Sociétés de Secours mutuels parisiennes — créerait entre elles — et ensuite entre les Sociétés de provinces elles mêmes, — des liens matériels et moraux qui accroîtraient singulièrement leurs forces. Ce serait un degré de plus de mutualisation dans la mutualité.

« Je ne puis donc que vous donner, très volontiers ma cordiale adhésion.

« Veuillez me croire, Monsieur, votre bien dévoué.

« LÉON BOURGEOIS ».

Au moment où le département de l'Hérault vient de voter 50.000 francs pour l'édification d'une Maison de la Mutualité, il nous a paru intéressant de rappeler aux Mutualistes du Midi, que c'est un enfant du *clapas* qui a eu le premier cette heureuse initiative ; nous croyons que c'est là un précieux parchemin pour la nouvelle maison de solidarité et de fraternité rêvée par M. Martin-Ginouvier, qui va être inaugurée sous peu à Montpellier. »

Les mutualistes s'honorent de rendre, dans bien des cas, inutile l'intervention de l'Assistance publique. Tandis que cette administration se borne à soulager, et dans quelle faible limite, les souffrances des malheureux, la Mutualité groupe les efforts et, distribuant des secours, des médicaments, des retraites, évite que ses adhérents ne tombent à la charge de la collectivité.

Quant aux avantages matériels et directs qui résulteraient pour les mutualistes de la Seine d'un siège central, il est facile de les imaginer.

La difficulté pour de nombreuses sociétés de posséder un siège stable et bien agencé nuit à leur fonctionnement et gêne leur recrutement, la plupart d'entre elles restant ignorées du public qui ne s'avise pas d'aller les trouver dans d'humbles logis ou au fond de quelque cour.

Les frais généraux de loyer, administration, chauffage, etc., absorbent souvent, pour de petites sociétés, une grosse partie des recettes; l'encaissement des cotisations est aussi un gros inconvénient et la cause de non-paiement, ou tout au moins de paiements irréguliers et de radiations. Les renseignements nécessaires à l'administration de la société ne sont pas toujours sous la main de ceux qui les désirent. Les salles de conférences, de réunions, coûtent cher et font parfois défaut. Que l'on songe aux économies réalisées, à l'élan, à l'essor donnés à la Mutualité par la centralisation des sociétés !

D'abord, en groupant les sociétés, leurs présidents, leurs adhérents, en leur permettant de se retrouver, de se coudoyer journellement, on décuple leurs forces, on active le courant mutualiste.

Une bibliothèque où figureraient tous les ouvrages intéressant les mutualistes ainsi que les journaux et revues qui traitent ces sujets, un bureau central de renseignements rendraient les plus grands services.

De ce bureau central partiraient des indications étudiées et suivies qui donneraient une direction uniforme, relieraient les centaines de mille de mutualistes du département et même de France, car la Maison de la mutualité de Paris resterait pendant longtemps le centre du mouvement.

La centralisation des services réaliserait de grosses économies, car la bibliothèque et les archives, par exemple, serviraient à toutes les associations. La caisse centrale pourrait recevoir tous les mois les bordereaux d'encaissement de chaque société et les ferait toucher dans la huitaine.

Le chauffage, l'éclairage, pris en commun, abaisseraient encore les depenses.

Il suffit de réfléchir quelques minutes pour comprendre immédiatement les multiples avantages que la Maison de la mutualité apportera aux travailleurs.

Enfin, vous vous rappellerez, Messieurs, le développement considérable qu'ont pris les sociétés mutuelles en ces dernières années. Voici des chiffres éloquents :

Si l'on tient compte des mutualités scolaires, le nombre des mutualistes du département atteint 800,000. En excluant les mutualités d'enfants, au 1er janvier 1904 les Sociétés de la Seine se réppartissaient ainsi :

Paris :

599 sociétés approuvées avec 429,091 adhérents ;
516 sociétés libres avec 107,650 adhérents ;
Soit 1,115 sociétés avec 536,471 adhérents.

Banlieue :

148 sociétés approuvées avec 44,054 adhérents ;
142 sociétés libres avec 13,726 adhérents.

Il faut ajouter les trois sociétés vivant sous l'empire de la loi du 3 février 1902 et qui possèdent dans la Seine un nombre considérable d'adhérents. Ce sont :

Vétérans des armées de terre et de mer, 20,000 adhérents ;

Sécurité de la vieillesse, 6,000 adhérents ;

Prévoyants de l'avenir, 66,000 adhérents.

Ensemble, pour le département de la Seine, 1,408 sociétés avec 686,521 adhérents.

Sans vouloir diminuer en rien l'importance et le mérite légitimes des syndicats corporatifs, il nous semble juste d'accorder aux 6 ou 700,000 travailleurs affiliés aux mutuelles des avantages équivalents et d'ajouter à la Bourse du travail la Maison de la Mutualité.

Reste la question d'organisation. Vous penserez avec moi que toutes les sociétés de secours mutuels ayant leur siège dans le département de la Seine, et constituées conformément aux lois, décrets et règlements, pourraient solliciter leur admission à l'Hôtel des mutualités.

Elles adresseraient à cet effet une demande à l'Administration et il serait statué par décision préfectorale. Toutefois, il conviendrait de ne pas livrer cette décision à l'arbitraire et ici une Commission consultative, analogue à celle qui existe à la Bourse du travail, pourrait être constituée. Elle comprendrait 22 membres, dont : 6 conseillers municipaux élus par leurs collègues.

2 conseillers généraux de la Seine,

2 délégués du Préfet de la Seine,

2 délégués du ministère de l'Intérieur,

10 membres élus par les Sociétés de secours mutuels admises à la Maison de la Mutualité.

La Commission consultative délibérerait en outre sur toutes les questions d'intérêt général ou d'organisation intérieure.

Les Sociétés seraient absolument maîtresses chez elles ; elles élaboreraient un règlement qui serait approuvé par le Préfet, après avis conforme du Conseil municipal.

L'Administration n'interviendrait plus dans un but de surveillance et de bon ordre.

Messieurs, avant de vous soumettre cette proposition, j'ai recherché quelles seraient les conditions les meilleures d'emplacement de notre future Maison. Je crois les avoir découvertes.

Vous savez qu'à la suite de nombreuses délibérations, la ville de Paris s'est rendue propriétaire de l'ancienne Faculté de médecine située à l'angle des rues de la Bûcherie et de l'Hôtel-Colbert.

Des discussions s'élevèrent alors. La démolirait-on ou la reconstruirait-on, et dans ce dernier cas quelle affectation lui serait réservée ? Ceci se passait en 1894. Dans une communication à la Commission du Vieux Paris, du 16 janvier 1902, son distingué secrétaire, M. Lambeau, rappelait à ses collègues la situation de l'édifice et prenait l'initiative d'un vœu, aussitôt adopté, tendant à la restauration immédiate de ce monument si curieux pour les amis de notre vieux Paris.

L'histoire de la vieille Faculté de médecine est intéressante à plus d'un titre.

Elle s'installa, rapporte le docteur Noir (1), le 26 novembre 1454 dans une petite maison située rue des Rats près de la rue la Bûcherie, elle abritait une bibliothèque de *neuf* volumes ; en 1469 on acquit un immeuble voisin et en 1472 le doyen Guillaume Bazin présida à l'édification de la nouvelle Faculté.

Il n'était pas besoin de vastes locaux, la bibliothèque ne tenait pas, avons-nous vu, une place excessive ; les salles de dissection étaient inconnues, l'ouverture des corps étant interdite comme sacrilège.

Bientôt on ajouta une chapelle, une écurie pour les deux mules des professeurs, puis au XVIIe siècle on réunit dans un petit jardin les plantes médicinales qui y furent cultivées et en 1744 on construisit un amphithéâtre où Winslow professa le premier cours. Voici la description qu'en donne le docteur Noir :

« Le vieil amphithéâtre de Winslow subsiste avec sa coupole. Du côté de la cour, une grande porte est surmontée d'une plaque de marbre noir où est gravé : Amphithéatrum, suivi d'une

(1) *Le Progrès médical*, 12 décembre 1903.

inscription indiquant que c'est avec leur argent que les médecins de Paris ont construit l'édifice. Un œil-de-bœuf est percé au-dessus. La porte est flanquée de deux colonnes doriques qui supportent un fronton. Un écusson qui devait porter les armes de la Faculté (les trois cigognes tenant dans leur bec un rameau d'origan sous les rayons flamboyants d'un soleil qui dissipe les nuages) est au milieu. Autour de l'écusson se déroule gravée la devise prétentieuse : *Urbi et orbi salus.* Au-dessous du fronton, sculptés dans la pierre, se succèdent les animaux symboliques : la cigogne, le coq d'Esculape, le pélican emblême du dévouement, la salamandre. Le pourtour est orné de palmes et de serpents. »

Il était impossible de laisser disparaître ces souvenirs historiques de la science médicale française.

Notre honorable collègue M. Sauton, dans son rapport de 1894, avait signalé que de nombreuses sociétés s'intéressaient grandement à la conservation de l'ancienne faculté de médecine. Il citait notamment ;

1° L'Institut,

Académie des Beaux-arts,

Académie des Inscriptions et belles-lettres ;

2° La Faculté de médecine ;

3° L'Académie de médecine;

4° La Société de l'histoire de Paris et de l'Ile-de-France (900 membres) ;

5° La Société françaiee d'archéologie (1.000 membres) ;

6° L'Association syndicale professionnelle des médecins de la Seine (600 membres) ;

7° L'Union des syndicats médicaux de France (52 syndicats) ;

8° La Société des amis des monuments parisiens (600 membres) ;

9° Le Comité des inscriptions parisiennes ;

10° L'Association des secrétaires généraux des sociétés savantes ;

11° Les Parisiens de Paris.

Enfin le Gouvernement en la personne du ministre de l'Instruction publique (alors M. Poincaré) s'intéressait à la solution de la question.

Le principe de la restauration était admis, mais le principe seulement et malgré les conclusions du rapport de M. Sauton, malgré les vœux de la Commission du Vieux Paris, les crédits nécessaires n'ont pas été proposés, aucun travail n'a été entrepris

Sur ces entrefaites, le 12 novembre 1903, la Commission du Vieux Paris recevait avis par M. le directeur des Affaires municipales que, l'immeuble menaçant ruine il était urgent de prendre une décision.

La ville de Paris avait dépensé 350.000 francs pour l'achat des bâtiments et bientôt il faudrait tout abattre, la restauration devenant impossible ; aussi la Commission du Vieux Paris émettait-elle un nouveau vœu pour la restauration immédiate après avoir entendu le rapport de M. l'architecte Selmersheim sur l'état actuel de l'édifice.

M. Selmersheim est d'avis que la rotonde et la grande salle du xve siècle peuvent être facilement conservées en raison de la solidité de leur construction : c'est d'autant plus désirable que cette partie des bâtiments est le véritable berceau de la Faculté de médecine.

« On peut imaginer facilement, écrit M. Selmersheim, le bel aspect intérieur de ces grandes pièces de 180 mètres de surface avec leur rangée de colonnes, leurs solives et leurs poutres apparentes, et ces locaux, qui autrefois abritaient les assemblées de la Faculté, conviendraient admirablement aujourd'hui à des salles de conférences, à des collections d'archives ou à toute autre fondation d'utilité publique ».

Le Conseil municipal sera donc appelé à voter prochainement les crédits nécessaires à la restauration du monument.

Que ferons-nous alors, à quelle œuvre, à quelle fondation d'utilité publique, comme le dit M. le rapporteur de la Commission du Vieux Paris, attribuerons-nous ces grandes salles, ces vastes pièces ? Je vous demande d'y installer la Maison de la mutualité.

La Bourse du travail a coûté à la Ville plusieurs millions ; si vous voulez dépenser environ 200.000 francs au maximum, vous donnerez aux 700.000 mutualistes du département un siège central qui leur manque, vous donnerez à la classe laborieuse un nouvel instrument de progrès et de bien-être et, en même temps, vous comblerez les vœux de la Commission du Vieux Paris et de tous les amis des monuments historiques de notre chère cité.

Les plans de reconstitution et de restauration ont été établis par le docteur Le Baron, ils atteignent 220.000 francs. C'est à l'initiative du docteur Le Baron, à ses persévérants efforts que nous devons le rachat par la Ville de l'hôtel de la rue de la Bûcherie.

Je me suis mis en relation avec les présidents des unions et les délégués des collèges électoraux mutualistes de la Seine et il ressort de nos entretiens et des estimations d'architectes qu'il serait facile d'installer les mutualistes de la Seine rue de la Bûcherie, après l'exécution des travaux nécessaires, étant entendu que ceux-ci seront exécutés d'accord avec la Commission du Vieux Paris.

Le Conseil général sera saisi d'une demande de subvention, la future Maison de la mutualité devant abriter également les sociétés de la banlieue. Cette subvention sera attribuée à la reconstruction et à l'aménagement de l'édifice.

Bien que nous soyons certains de ne pas dépenser plus de 200.000 francs pour la totalité de l'opération, nous nous bornons quant à présent, à vous demander un vote de principe sur l'attribution de l'édifice en priant l'Administration d'étudier et de soumettre au Conseil, dans le plus bref délai, un projet de restauration et d'aménagement établi sur les bases suivantes :

1° Restauration des parties principales : soit rotonde et grande salle, et conservation de la petite maison dite « maison des Bedeaux ». Tout le reste serait démoli. 2° Aménagement de plusieurs grandes salles de conférences, bibliothèque, bureaux, en utilisant toute la place restant disponible.

Enfin, en raison de l'intérêt archéologique des bâtiments, il y aurait lieu de demander le classement comme monument historique. Si cette requête était admise par l'Etat, celui-ci contribuerait pour moitié dans les frais de restauration.

Vous le voyez, Messieurs, si, comme nous l'espérons, vous êtes décidés à créer la Maison de la mutualité, jamais vous n'aurez meilleure occasion d'agir.

En quelques mois et pour une somme relativement faible, vous solutionnez une question depuis dix ans à l'étude, et qui intéresse presque la moitié de la population de notre département.

Le groupe des mutualistes du Conseil municipal et du Conseil général a approuvé le projet à l'unanimité et c'est en son nom que j'ai l'honneur de vous proposer de voter les délibérations suivantes :

1° « Le Conseil,

« Vu les vœux de la Fédération mutualiste de la Seine et de nombreuses unions et sociétés mutuelles de Paris et du département sur la création d'une Maison de la mutualité ;

« Vu les vœux d'associations savantes pour la restauration de l'ancienne Faculté de médecine ;

« Vu le rapport de M. Sauton, du 29 octobre 1894, et la délibération du 24 avril 1896 (art. 5) ;

« Vu les vœux de la Commission du Vieux Paris des 16 janvier 1902 et 10 décembre 1903 ;

« Vu la proposition imprimée de M. Bussat (*n° 11 de 1904*) ;

« Délibère :

1° Il y a lieu de créer à Paris une Maison de la mutualité à l'usage des Sociétés mutuelles de la Seine.

2° Les bâtiments restaurés de l'ancienne Faculté de médecine, rue de la Bûcherie et rue de l'Hôtel-Colbert, seront affectés à ladite Maison de la mutualité.

« 3° Les services d'Architecture sont chargés de présenter dans le plus bref délai un projet de reconstruction et d'aménagement de ces bâtiments dans les conditions indiquées par la proposition de M. Bussat et après entente avec la Commission du Vieux Paris. »

2° « LE CONSEIL,

« Vu les vœux de la Commission du Vieux Paris et le rapport de M. Selmersheim (séance de la Commission du Vieux Paris du 10 décembre 1903),

DÉLIBÈRE :

« L'Administration est invitée à faire les demandes nécessaires auprès du Gouvernement pour obtenir le classement comme monument historique de l'ancienne Faculté de médecine de Paris. »

Paris, le 9 mars 1904.

Signé : BUSSAT.

PIÈCES ANNEXÉES

Le Rappel, 6 juin 1895.

Une Idée Mutualiste

Dimanche dernier, l'Association de secours mutuels, l'*Émigration creusoise*, donnait son banquet annuel au restaurant de la Porte-Dorée, sous la présidence d'honneur de M. Cornudet, député de la Creuse, assisté de M. Dufoussat, sénateur, et de M. Michel Goumy, président ; MM. le Dr Deschamps et A. Jouannaud, vice-présidents.

Plus de 250 personnes, hommes et dames, étaient présents. Parmi les invités nous avons remarqué entre autres mutualistes marquants, MM. Martin-Ginouvier et Cagnaux, secrétaire général du Comité permanent des Mutualistes de France.

Nous ne dirons rien des nombreux toasts portés à la santé de tous, ainsi qu'à la prospérité de cette nouvelle Société de secours mutuels, ni des discours de circonstance ; mais nous devons signaler une grande et nouvelle idée émise par M. Martin-Ginouvier dans un discours fort applaudi : la fondation d'un « Palais de la Mutualité » à Paris. Là, chaque Société pourrait avoir son siège social, son bureau ; de plus, un service général serait établi au point de vue des renseignements à donner, des cotisations à percevoir, des secours à distribuer. Il va sans dire qu'une salle de conférences et une bibliothèque spéciale existeraient dans l'établissement et seraient à la disposition de toutes les Sociétés des départements et de Paris. Si pareil projet était mis à exécution, la mutualité aurait alors sa « Maison » comme il y a déjà la Maison du Peuple.

L'idée mérite qu'on s'y arrête, car plus on fera grand en faveur des mutualistes plus on développera ce beau sentiment de la solidarité, plus aussi la paix sociale sera assurée en même temps que nous donnerions plus de force à notre République.

Nous reviendrons un de ces jours sur le projet exposé par M. Martin-Ginouvier.

Extrait

Mes Vœux au 5e Congrès National de Sociétés de Secours Mutuels de Prévoyance et de Retraite tenu à Saint-Étienne le 26 août 1895.

Enfin, je voudrais, pour frapper les esprits de la masse des travailleurs, la fondation à Paris, en attendant que cela se propage dans toutes les communes, d'un *Palais de la Mutualité* ou chaque Société pourrait avoir son siège social, son bureau ; de plus un service général qui diminuerait dans une notable proportion leurs frais généraux d'administration ; on voit immédiatement l'économie qui pourrait être réalisée par l'établissement d'une même comptabilité, de frais généraux supportés en commun par un groupe de Sociétés, d'après des arrangements consentis entre elles.

Les médecins choisis pourraient être ainsi constamment à la disposition des Mutualistes et des Sociétés. Il est certain qu'une organisation ainsi comprise présenterait de nombreux avantages qui tous seraient au profit des adhérents, car les économies réalisées sur les frais généraux. permettraient naturellement d'augmenter la quotité des secours.

Pénétré de cette idée, M. Prévet, sénateur de Seine-et-Marne, président du *Comité permanent des Mutualistes de France*, déposera à la rentrée des Chambres une proposition de loi qui intéresse au plus haut point toutes les Sociétés de Secours Mutuels.

Circulaire

———

Paris, le 1897

M.

Résolu à organiser une active propagande en faveur des idées de Prévoyance et de Mutualité, et convaincu que la première condition d'une action efficace réside dans l'union et dans l'entente, nous avons décidé de fonder à Paris une Réunion trimestrielle dite :

DINER DES MUTUALISTES

Nous avons pensé, en outre, qu'il convenait de consacrer l'action que nous voulons entreprendre, en donnant au 1er dîner le caractère d'une imposante manifestation mutualiste.

Nous y convions tous ceux qui, sans distinction d'école ou de parti pratiquent la Mutualité, et tous ceux qui de près ou de loin veulent seconder son œuvre dans la voie de l'apaisement social.

Nous verrons dans leur présence en grand nombre à ce Banquet de la Mutualité, un encouragement à l'effort que nous voulons entreprendre et un précieux gage de succès.

Ce projet a rencontré la sympathie, dans le Parlement, de :

MM. Constant, Sénateur ; Charles Prevet, Sénateur ; Lourties, Sénateur ; Ribot, Député ; Leygues, Député ; Raynal, Député ; Charles Dupuy, Député ; Léon Bourgeois, Député ; Guieysse, Député ; Siegfried, Député ; Papelier, Député ; Guillemet, Député ; Aynard, Député ; Paul Deschanel, Député ; Poincaré, Député ; Paul Delombre, Député ; Maurice Sibille, Député ; Gustave Roch, Député.

Le premier Dîner aura lieu le *22 Mai 1897*, à 7 h. 1/2 précises, dans les Salons du Grand-Véfour (Palais-Royal) sous la présidence de

M. Louis BARTHOU
Ministre de l'Intérieur

M. le Président de la République a promis de s'y faire représenter par un officier de sa Maison, désireux, lui aussi, de montrer l'intérêt qu'il prend au développement de la Mutualité.

Nous serions particulièrement heureux de recevoir votre adhésion et celles de vos amis.

La Cotisation est fixée à *10 francs*.

Prière d'adresser votre adhésion, accompagnée d'un mandat, avant le *18 Mai*, à M. F. Martin-Ginouvier, Secretaire-général du *Crédit mutuel à prêts gratuits, 33, Rue Bonaparte*, en retour duquel il vous sera délivré une Carte donnant accès à la Salle du Banquet.

Agréez, M , l'expression de nos sentiments de haute considération.

LE COMITÉ :

MM. AUDIFFRED, Député.
MARMOTTAN, Député.
GIRARD, Député.
J. COLOMBET, Maire-Adjoint du XIVe Arrond[t], Vice-Président de l'*Association des Comptables de la Seine.*
CATELAIN, Président de l'*Étoile* (Garçons Limonadiers et de Restaurants).
BRYLINSKI, Président de la *Mutualité Maternelle.*
MERCEY, Président de la Société l'*Union du Commerce.*
BONJEAN (V.), Président de la *Société de Protection Mutuelle des Voyageurs de Commerce.*
BARTAUMIEUX (Ch.-V.), Président de la *Société le Bâtiment.*
Le Docteur Claude CHAUVEAU, Président de la *Société d'appui fraternel des Enfants de la Côte-d'Or.*
Paul MAZE, Secrétaire de la *Ligue Nationale de la Prévoyance et de la Mutualité.*
F. MARTIN-GINOUVIER, Secrétaire général-fondateur du *Crédit Mutuel à Prêts Gratuits.*

Dernière Statistique de la Mutualité

Dans le rapport que vient d'adresser le Président du Conseil au Président de la République, il résulte que le nombre des sociétés et de leurs adhérents a doublé depuis vingt ans au 31 décembre 1901.

Le nombre des Sociétés de secours mutuels — sociétés reconnues comme établissements d'utilité publique, sociétés approuvées et sociétés libres — atteignait 14.872, savoir : 9.141 sociétés composées exclusivement d'hommes, 3.473 sociétés mixtes, 500 sociétés de femmes et 1.758 sociétés scolaires.

Les 14.186 associations ayant transmis à l'administration leur état statistique de 1901 comptaient au 31 décembre de cette année 2.718.002 mutualistes, se divisant en 358.189 membres honoraires et 2.359.813 membres participants (1.498.794 hommes, 332.818 femmes et 528.201 enfants).

Les 12.589 sociétés d'adultes ayant fourni le compte rendu de leur situation au 31 décembre 1901 avaient, à cette date, 290.993 membres participants âgés de plus de 55 ans (15,89 0/0 du nombre total des sociétaires).

28.830 cas de décès ont été enregistrés dans le courant de l'année 1901 parmi les membres participants ; la moyenne des décès, par rapport à l'effectif total des mutualistes, a donc été de 1,22 0/0.

Le nombre des membres secourus par les sociétés de secours mutuels à divers titres (frais de maladie, indemnités au décès, allocations aux veuves, aux orphelins, aux vieillards et aux infirmes), s'est élevé, en 1901, à 576.284, c'est-à-dire 24,42 0/0 du chiffre total des sociétaires participants : quant au nombre des pensionnaires, il atteignait à la même date, 106.989.

L'excédent des recettes sur les dépenses est monté en 1901 dans les sociétés de secours mutuels à 11 millions 260.796 fr. 48.

La recette générale moyenne ayant atteint 20 fr. 95 par membre participant et la dépense ne s'étant élevée qu'à 16 fr. 18 l'excédent se trouve donc fixé à 4 fr. 77 par sociétaire.

L'avoir total des sociétés de secours mutuels atteignait, au 31 décembre 1901, 338.881.355 fr. 54, non compris une somme de 1.538.981 fr. représentant le total des versements effectués jusqu'à la fin de l'année 1901 par les sociétés scolaires sur les livrets individuels de retraite de leurs membres.

Cet avoir de 338.881.355 fr. 54 comprenait 180.842.919 fr. 90 de fonds disponibles (capitaux placés soit à la Caisse des dépôts et consignations, soit aux caisses d'épargne ou détenus par les trésoriers) et 158.038.435 fr. 64 au fonds commun des retraites.

Appel

en faveur de la Création d'un Sanatorium

pour les Mutualistes tuberculeux

Un péril national a été dénoncé, le fléau social qui ronge les forces vives de la nation a été révélé; depuis lors, la question de la *tuberculose* préoccupe à juste titre l'État, les sommités scientifiques et médicales, ainsi que tous les esprits réellement philanthropes.

Dans cette bataille suprême qui ne nous passionnera jamais trop, nous estimons que l'initiative individuelle doit avoir libre cours sur ce vaste champ de Solidarité sociale ; puisqu'il nous est permis de constater trop souvent hélas, que l'initiative individuelle est toujours en avance sur l'initiative officielle.

La vérité c'est que l'entité gouvernementale, qu'elle se présente sous n'importe quelle forme, est obligée d'avouer son incapacité notoire, l'administration immuable dans son organisme, n'est pas plus féconde en gestes généreux — elle ignore surtout les grands sentiments de désintéressement. Par contre, que la mutualité se présente sous n'importe quelle face collective ou sous l'initiative individuelle, elle démontre vite au monde social que c'est par elle que s'accompliront les plus grands et difficiles problèmes.

Luttons donc, sans trêve ni merci contre la tuberculose qui jonche tous les ans, comme une effroyable guerre, la belle terre de

France de 150.000 cadavres (1), luttons sans cesse, avec toutes les armes que la Science nous a forgées. En luttant pour *autrui* songeons que nous luttons aussi pour *nous-mêmes ;* car là encore nous retrouvons pour le riche comme pour le pauvre l'application de cette sublime devise : *Un pour Tous, Tous pour Un*, puisqu'il est parfaitement démontré que ni l'âge mûr, ni la vieillesse ne sont à l'abri de la phtisie, et cette vérité qui se confirme tous les jours, doit rendre notre solidarité plus vigilante.

Il s'est produit, néanmoins, cela est incontestable, depuis quelques années un mouvement considérable tendant à rendre accessible aux déshérités de la nature, et de la fortune, les ressources sanitaires. Si ceci existe pour la clientèle de l'Assistance publique, à plus forte raison, cela doit exister aussi pour les mutualistes prévoyants, qui ont fait en s'assurant contre la maladie, acte de solidarité confraternelle et familiale.

Il serait injuste, qu'il en fut autrement, à l'égard de ceux qui ont mis un point d'honneur à en récolter que ce qu'ils ont semé.

Une sélection s'impose donc pour ces derniers, il serait, selon nous, inadmissible et maladroit, pour ne pas dire injuste, de les parquer plus longtemps avec les imprévoyants et les vicieux.

Du reste, la tuberculose envahit nos hôpitaux avec 40 o/o de lits, au point de préoccuper les pouvoirs publics et d'obliger le Directeur de l'Assistance publique à prendre de nouvelles mesures contre ce fléau grandissant. Dès lors, est-il surprenant que quelques mutualistes se soient préoccupés d'apporter à la lutte leur contribution ? N'est-ce pas d'ailleurs le docteur Calmette qui estimait

(1) La tuberculose est de toutes les maladies, la plus fréquente. Sur cinq décès, il y en a en moyenne un par tuberculose.

D'après des documents officiels, la mortalité par phtisie pulmonaire serait, par 10.000 habitants, de :

13,6 en Angleterre, 18,7 en Italie, 22,4 en Allemagne, 30,2 en France, 40 en Russie.

La France occupe un des premiers rangs parmi les plus gravement atteints. C'est que chez nous, la lutte contre la tuberculose est moins avancée que dans certaines régions. En vingt ans, les Allemands ont fait tomber leur mortalité par tuberculose de 31,1 à 22,4, pour 10,000, et en Angleterre, la même diminution a été observée (de 18 à 13,6). Elle augmente par contre, en France, particulièrement dans les grandes villes.

que la tuberculose entre pour un cinquième dans le total des prix de maladie répartis chaque année (1).

M. le docteur Calmette propose non sans raison, de constituer, pour y résister, une caisse régionale d'assurance contre la tuberculose qui serait alimentée par des cotisations de Sociétés adhérentes, par des subventions des Communes, des Départements, de l'État, des dons et legs.

En organisant donc des *Sanatoria pour les Mutualistes tuberculeux* nous croyons entrer pleinement dans la pensée de M. Albert Calmette, et répondre aux désirs intimes du jeune et illustre pastorien.

Ceci exposé, notre ambition on le devine, est de créer, suivant les sages et éloquents conseils de M. Léon Bourgeois aux portes de toutes les grandes villes, viciées toujours par des émanations impures, des sortes de Vigies Sanitaires, où nous pourrons recevoir nos collègues prédisposés — car suivant le savant docteur Landouzy, *mieux vaut prévoir que guérir.*

Tant que nous n'aurons pas résolu la grosse question des *Habitations à bon marché* (tentative hardie qui honore M. Jules Siegfried) pour toutes nos grandes cités, il faudra parer à nos *Asphyxoirs* par des *Sanatoria ad hoc.*

Disons très haut, qu'à défaut d'habitations confortables et hygiéniques aucune lutte efficace n'est possible contre la tuberculose, en dehors du *Sanatorium.*

Osons affirmer, dans l'état actuel des choses, que le *Sanatorium* la *polyclinique* sont autant d'instruments de lutte également nécessaires pour nos Sociétés — les négliger serait une faute.

Du reste, l'isolement des tuberculeux est la question du jour auprès de nos administrations hospitalières.

N'oublions pas surtout, que le *Sanatorium* offre aux tuberculeux la vie à la campagne, le grand air, la bonne alimentation et le repos, que tous les médecins sont unanimes à recommander — soins qui ne peuvent toujours leur être donné utilement à domicile pour mille causes que l'on devine.

Aussi, croyons-nous que le plus agréable *Sanatorium*, pour les

(1) Les Sociétés de Secours Mutuels et la lutte *contre la tuberculose*, 28 mars 1903.

malades comme pour les parents, est celui qui, installé dans les régions proches de Paris, aura tous les avantages de la cure climatérique s'ajoutant à ceux de la cure à l'établissement.

Voilà pourquoi, avec le Dr Dubois, le regretté député du XIVe, nous nous étions occupé de chercher un plateau salubre à proximité de la grande cité.

D'accord avec lui, nous avions choisi l'admirable plateau de Wissous que l'éminent astronome M. Camille Flammarion juge comme le plus propice à rendre la santé à ceux qui s'étiolent à Paris, pour l'excellente raison qu'ils sont des déracinés.

N'est-ce pas, en effet, surtout les habitants des villages, émigrés dans les villes qui payent à la phtisie un lourd tribut en raison du surmenage, de l'insuffisance alimentaire et de la mauvaise aération, tristes apanages des grandes cités.

Or, pour guérir il suffit de couper les vivres aux microbes en restaurant la vitalité de l'organisme dans les recoins les plus intimes.

A dix-huit kilomètres de Paris, sur un plateau qui lui confère les privilèges de l'isolement, de l'altitude, avec un large horizon et un air exceptionnellement pur (1) au milieu d'une mer herbeuse et ondulante, émaillée çà et là à perte de vue par des seigles mûrissants et des blés émeraude, nous avons déposé nos premières pierres, en attendant le concours et la collaboration de tous.

C'est au milieu de ce calme et de cet apaisement, qui n'est pas dépourvu d'un panorama pittoresque et accidenté, que nous espérons voir sous peu s'édifier un *Sanatorium* modèle, avec la certitude que nous aurons l'ineffable joie de constater sous nos yeux, la guérison de ceux qui paraissaient irrémédiablement voués à la mort.

De toutes les œuvres qui sollicitent la générosité publique, il en est peu qui aient autant de titres à la sympathie, que notre union

(1) Le docteur Jacques Bertillon, pour lequel nulle statistique n'a de secret, vous dira qu'à Paris — ce beau Paris dont vous faites votre dieu — sur 315.000 chambres uniques habitées par 505.000 locataires, on en trouve 11.000 qui servent d'abri à 5, 6, 10 personnes et plus. Auquel cas, la quantité d'air dont dispose chaque paire de poumons est de 3 ou 4 mètres cubes, dont 15 ou 18 pour 100 ont déjà servi !

de Solidarité Sociale et de Salut public, qui doit rallier dans un but suprême tous les cœurs généreux.

C'est dans cette pensée que nous faisons appel au concours généreux de tous et de chacun. Nous ne faisons pas seulement appel ici à tous ceux de nos amis mutualistes proches ou intéressés.

Nous nous adressons à toutes les bonnes volontés, qui veulent collaborer à notre œuvre éminemment sociale.

Car il est mauvais que ce soit toujours les mêmes qui se fassent tuer...

Ceux qui voudront nous aider seront les bienvenus, mais surtout nous voudrions qu'une forme nouvelle de solidarité vint nous encourager dans cette œuvre essentiellement populaire. Nous demandons donc aux collégiens, aux employés d'administration, aux ouvriers des ateliers, aux petites ouvrières, dont le cœur est si généreux, de se solidariser, de se cotiser, de faire circuler des listes et de recueillir des offrandes, si modestes soient-elles, qui, jointes les unes aux autres, viendront nous aider dans l'effort commun que nous tentons, en vue d'un bien être social dû aux prévoyants.

Souvenons-nous, dans cette lutte, que compatir au malheur d'autrui c'est s'assurer soi-même contre le malheur.

Aider ses semblables à combattre leurs maux, c'est se préserver soi-même de ces maux.

Et maintenant, que les puissants y coopèrent par l'influence de leur fortune, que les moins favorisés y collaborent par leur intelligente activité, que tous, en un mot, veuillent nous aider à faire la guerre à la contagion, à ce mal redoutable qui chemine tous les jours dans notre propre ombre, qui plane dans rues, visite nos demeures, nos ateliers, nos usines, nos magasins, nos bureaux, pour le plus grand malheur de la France.

En un mot nous voudrions que notre appel provoque chez chacun de nous, l'irrésistible frissonnement de la foi solidariste, de l'intrépidité enthousiaste qui fait les œuvres solides et durables.

TABLE DES MATIÈRES

AUXERRE-PARIS. — IMPRIMERIE A. LANIER

www.ingramcontent.com/pod-product-compliance
Lightning Source LLC
LaVergne TN
LVHW020337230826
846091LV00003B/919

* 9 7 8 2 0 1 3 5 7 8 8 4 4 *